# 商埠情怀

## ——济南商埠民族工商业往事

中共济南市市中区委党史研究中心
（济南市市中区地方史志研究中心）　编著

中国文史出版社

## 图书在版编目（CIP）数据

商埠情怀：济南商埠民族工商业往事 / 中共济南市市中区委党史研究中心（济南市市中区地方史志研究中心）编著 . -- 北京：中国文史出版社，2022.7

ISBN 978-7-5205-3579-3

Ⅰ . ①商… Ⅱ . ①中… ②济… Ⅲ . ①民族工业－工业史－史料－济南－近代②商业史－史料－济南－近代Ⅳ . ① F429.521 ② F729.5

中国版本图书馆 CIP 数据核字 (2022) 第 123165 号

责任编辑：金硕　胡福星

出版发行：中国文史出版社
社　　　址：北京市海淀区西八里庄路69号　　邮编:100142
电　　　话：010- 81136606 81136602　81136603 81136605(发行部)
传　　　真：010-81136655
印　　　装：山东宣艺文化传播有限公司
经　　　销：全国新华书店
开　　　本：787×1092　　1/16
印　　　张：17.75
字　　　数：160 千字
版　　　次：2022年9月北京第1版
印　　　次：2022年9月第1次印刷
定　　　价：88.00元

# 前　言

　　济南是国家历史文化名城,商埠文化是济南历史文化的重要组成部分。

　　济南老商埠,主要位于济南市市中区。其因1904年济南自开商埠而生,1921年津浦铁路黄河大桥建成通车而兴,一系列开放措施推动了济南现代工商业的发展。一百多年来,济南老商埠的那些人、那些事、那些景、那些西洋老建筑与老街老巷,延续着济南的历史文脉,已经成为承载济南作为国家历史文化名城的重要文化符号,成为体现济南深厚历史文化底蕴的活化石和天然博物馆。这里至今仍完好地保持了近代的城市肌理,保留着不少老街老巷和老建筑,流传着不少民族企业家创业的励志故事,人文底蕴深厚,形成了独特的商埠文化综合商圈,成为人们追寻济南“乡愁”的打卡之地。

　　在中国城市发展史上,济南占有重要地位。明清两代,济南工商业集中在老城区一带,以明代德王府即清代山东巡抚大院为中心,向西、东、南三座城门扩散,工商业密布于城市干道两侧和城厢内外,市场则位于城厢之外,城市经济职能空间呈放射状分布。始自1904年的自开商埠,开启了济南的近代化进程,千年古城之外出现了一个崭新的城区。自此以后,近代工商业在商埠区兴起,城市经济重心全面西移。商埠推动了济南乃至整个山东的经济发展,使济南由原来的政治中心城市,逐步发展成为工商业蓬勃发展的商贸中心城市。

　　商埠作为特殊的经济区域,吸引了众多的投资者和经营者,创业者们纷至沓来,经商设厂,仅用短短二十几年的时间就创造出了繁荣的经济奇迹。商埠开设之初,外国资本大量涌入,洋商、洋行遍布,但很快,民族工商业乘势而起，一跃成为商埠的经济主体。近代民族工商业者们发扬"敢为人先，创至善之业"的商埠精神，筚路蓝缕，创业立业，大力发展实业，引入先进的生产技术和管理经验，增强了济南的经济发展实力。这些人中，既有商业大鳄，也有普通的工商业者，乃至小业主、小手工业者、小商贩，他们一起创造了商埠的繁荣和发展。自然，这种繁荣经常被近代社会的种种危机所打断，但民族工商业的从业者们在历史的夹缝中仍百折不挠，竭尽全力，求开拓、谋发展，客观上为济南、山东乃至中国的进步发展贡献了力量。这种勤劳奋进、实业报国的家国情怀，值得今天的我们敬仰与传承。

本书通过深入挖掘在济南开埠过程中涌现的部分民族工商企业家创业立业故事，意在传承和弘扬商埠精神，展示市中深厚的历史文化底蕴，激励当下，提升市中文化软实力，助力"济南中央商埠区"建设，为"建设新时代社会主义现代化活力品质强区"营造浓厚的思想、社会氛围。

新时代，市中人饱含商埠情怀，站在新的历史方位，紧密围绕"建设新时代社会主义现代化活力品质强区"的总体目标，扎实推进"济南中央商埠区"建设，按照"一体化规划、分阶段实施"的思路，在老商埠区有序推进城市更新，重塑升级空间形态、产业业态、文化生态，把老商埠片区打造成为济南商埠文化与现代商贸文旅产业深度融合的商业金带，重现百年商埠魅力。

建设"济南中央商埠区"是开拓创新之举、奋斗复兴之路！

编　者

2022 年 7 月

# 目录

## 工业·手工业往事

## 商业往事

## 服务业往事

# 金融业往事

# 工业·手工业往事

济南的近代工业开始于清朝末年，1875年建立的山东机器局是济南第一家近代工业企业。济南开辟商埠后，民族资本纷纷投资兴办现代工业，一批现代化的工厂陆续出现。辛亥革命后，民营手工业也有了较大发展，商户逐渐增加，日用轻工、机器铁业得到迅速发展。第一次世界大战前后，济南工业出现第一次发展高峰。这一时期，商埠诞生了诸多济南历史上的第一，如诞生了济南第一家火柴厂、第一家大型面粉厂、第一家机制卷烟厂等。到1923年，济南已成为全国六大面粉生产基地之一，商埠的其他工业、手工业也有了较大发展。

振业火柴

鸿记缎店　致敬洋灰　老茂生糖果　华资保险公司　惠丰面粉

精益眼镜　山东银行　华资保险公司　永盛东帽庄

皇宫照相馆　国货商场　亨得利钟表

第一楼黑肥皂　东莱银行　铭新池　德昌洋行　便宜坊

泰康罐头食物公司　大观园商场　英美烟草公司　兴顺福磨

德馨斋酱园　隆祥布店

中国国货公司　泰丰楼饭庄

五大牧场　万紫巷商场

东裕隆烟草公司

惠东药房　式燕番菜馆

华资商业银行　宏济堂药

萃华

# 丛良弼与振业火柴公司

山东火柴工业的先驱，这个华侨让"洋火"不再姓"洋"

洋布、洋油、洋碱、洋灰、洋烟、洋火、洋车子……清末民初，很多中国人无法生产的舶来品都有一个"洋"字打头的名称。而伴随着民族工业的兴起，一批民族企业家以挽回国家利权为己任，他们艰苦创业，用行动使洋货变成国产，将洋货垄断的市场一步步夺回来。在济南乃至在山东和华北地区，将"洋火"变为火柴的，是旅日华侨丛良弼创立的济南振业火柴股份有限公司。

丛良弼（1868—1945），号廷梦，出生于蓬莱县（今蓬莱市）马格庄乡安香丛家村的农民家庭，兄弟四人，家境

丛良弼（1868—1945）

贫寒。18岁结婚时，家里的情况是里间做新房，外间当驴栏，饲养着兄弟四人共有的一头毛驴。丛良弼读了几年私塾后，青年时代由亲友引荐到烟台东顺泰学生意，东顺泰是牟平人金某开设的专营火柴的商号。丛良弼聪明能干，1895年被店主派往日本大阪设庄采购火柴，运往天津、烟台等地销售。当时，日本进口的"洋火"充斥山东火柴市场，丛良弼深为中国工业落后和大量资金外流而感到痛心。在多年与日本火柴生产制造商打交道的过程中，他暗中学习日本火柴制造工艺，以图将来回国后大干一场。

在日本时，丛良弼发起组织了北帮商会公所并出任董事，大阪中华商务总会成立后，他被推选为总理。其间多次号召旅日华侨商会向兴中会及同盟会捐款，自己也经常向旅日革命学生捐钱捐物。在清政府被推翻后的1912年，孙中山先生访日时曾动员海外华侨归国发展实业，丛良弼带头响应，毅然回国。

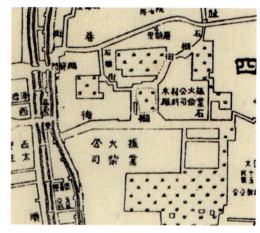

1933年地图上的石棚街与振业火柴公司

他集资20万元在济南麟祥门里石棚街筹建火柴厂（占地47亩），并于1913年建成投产。经呈报山东都督和北洋政府农商部注册，取得执照，并获得在济南周围300里以内制造火柴15年的专利权。自此，山东火柴完全依赖"洋火"的时代画上了句号。

1914年出版的《济南指南》在记述这家新建的火柴厂时，字里行间充满了对丛良弼爱国之情的礼赞："振华火柴有限公司在西关柴家巷，总理丛良弼，资本金二十万元，华商丛君，侨居日本大阪二十余年，专营火柴业，深慨吾国利权之外溢。归而招集资本，设本公司，以制造各种火柴、挽回利权为宗旨。又得周都督子廙、潘实业司长馨航之赞助，现已制造出售。"这段记述中的"振华火柴有限公司"当是丛良弼所创办的火柴企业的初名，1919年《济南指南》再版时，其名称则变成了"振业火柴有限公司"，资本金已增至40万元。据记载，"振业"之名，取"振兴中华，实业救国"之意。

振业火柴老员工蔡吉庭等人在回忆文章中，对振业火柴初创时期的投资人有如下记载——"主要投资者除丛家外，尚有天津李家（以李肃然为代表）、牟平贺家（以贺俊生、贺介忱为代表）"。而1914年版《济南指南》的记载显示，当时任山东都督的周自齐（字子廙）和任山东实业司司长的潘复（字馨航）都对丛良弼提供了大力支持，由此表明，民国之初的山东官方在力倡实业救国。有意思的是，这两位民国初年支持过丛良弼的官员，后来都曾任过北洋政府的总理。

振业火柴公司最初执行总理协理制，丛良弼自任总理，协理为丛竹轩。其初期产品为黄磷火柴，后改为硫化磷火柴，主要产品的商标为"三光"牌，继而又有"山狮""推磨""蜘蛛""日月星""童旗""印字印""吉星"等品牌。当年，国内几家日本火柴厂生产的火柴，药头均采用冷胶，仅有振业火柴公司采用热胶，药头光滑，不易受潮，发火有力，一经上市，迅速占领了津浦路、陇海路沿线的火柴市场。振业火柴公司投产时有排梗机 26 台，卸梗机 13 台，工人 800 余人，日产火柴 40 大箱，是济南屈指可数的大型企业。产品畅销于山东、河南、江苏及河北南部，并取得在济南周围 300 里以内火柴生产和销售的专利。特别是五四运动爆发后，国内抵制日货运动日益高涨，民众争购该厂火柴。

济南振业火柴公司创办不久，第一次世界大战爆发，中国民族经济的压力骤然减小。1919 年因五四运动的原因，日本火柴受到抵制，国内民族火柴工业得到迅速发展，振业火柴公司也兴旺起来。1918 年增资 10 万元，丛良弼在济宁开设了振业第一分公司。1928 年增资 20 万元，在青岛开设第二分公司，同时开设了制梗工

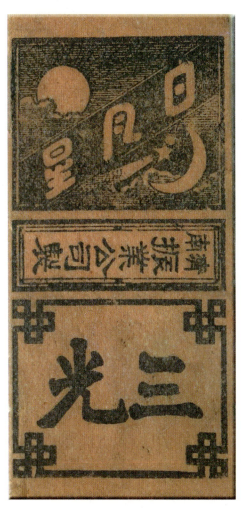

振业火柴公司生产的"三光"牌火柴

厂和铁木工厂。振业火柴公司所产火柴除行销国内市场外，还供出口。当时，曾有媒体将丛良弼和南方的火柴大王刘鸿生并称为"南刘北丛"。也正由于他们的

民国时期振业火柴公司的排梗车间

崛起，才结束了日本、瑞典火柴垄断中国火柴市场的局面，具有划时代的意义。1931年，振业火柴公司处于全盛时期，总资本达100万元，工人达1000多人，成为全国范围内的业内龙头老大。

1933年，振业火柴公司改组，由总理协理制改为董事会负责制。经股东大会选举董事七人。在这一年发行的股票上，公司名称为"济南振业火柴股份有限公司"，募集资金为100万元，七位董事为丛良弼、丛竹轩、迟启东、金则先、丛贯一、李协五、贺介忱。董事会主要掌握企业重大改革事项和盈利分配，以及公司主要人员的升迁、雇用等事宜。并选举监察人2名，监督董事会行使职权。在董事会中推举董事长1名，总揽公司一切事务，丛良弼的次子丛贯一任董事长；另选常务董事3人，轮流分驻济南、济宁、青岛三厂监理一切。各分公司分别设经理、副经理各1人，负责各厂生产和经营管理。当时全体股东人数已有324人，共计8541股，股金总额达100万元。三厂共有职工近3000人，企业规模之大，在当时全国同行业中名列前茅。当时华东、华中、华北三地区有64家火柴厂，振业公司年产量占三地区年生产总量的15.3%，畅销津浦及陇海、京汉铁路沿线。

丛良弼一贯秉承实业救国情怀，对觊觎其公司产业的外资高度警惕。其公司集资招股简章明文规定："股东以中国人为限，一律不收外资，如有外国人假用中国人的名义入股，一经发现，概予没收。"

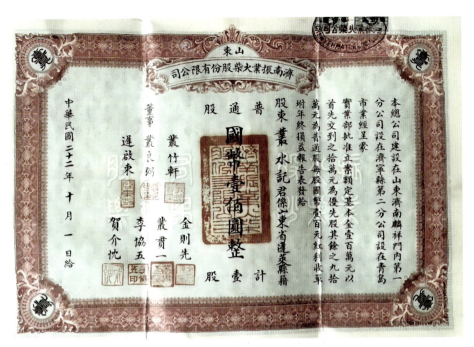

振业火柴股份有限公司发行的股票

　　丛良弼一生热心公益事业，乐善好施，资助乡里。1924年，在蓬莱建良弼小学，并招收女生，办学规模居全县之首。他常为各地赈灾捐款，曾设贫民治疗所，三次获中央、省级赠匾褒扬。1934年，丛良弼参与筹办世界红十字会青岛分会。在鱼山路、大学路口买下土地，陆续落成三进大殿，在院内设立慈济医院，免费为穷人治病。丛良弼晚年居于青岛，日本人曾三次邀丛良弼出任伪青岛市市长和商会会长，均遭到其严词拒绝。

　　"九一八事变"后，振业火柴公司撤回了设在日本大阪的采购原料机构，追回准备购买原料的大量存款，以示对日本侵华的抗议。抗日战争时期，振业在强敌铁蹄之下，不做开工计划，隐忍以待光复，坚持四年之久，直到1940年才被迫恢复生产，但也是时干时停，勉强维持。1941年在日本帝国主义强制下，中华全国火柴产销联营社正式成立，总社设在北京，上海、天津、青岛均设分社。青岛分社辖山东地区，生产的火柴全由联营社统销。1942年后济南振业火柴公司因原料缺乏而濒临倒闭，在

火柴旋梗片工序

火柴切梗工序

火柴理梗工序

火柴蘸药工序

火柴包装工序

火柴打包工序

1944 年只开工过一个月。

1945 年 8 月，日本投降，国民党政府对全市工商企业进行"劫收"。国民党敌伪产业处理局派人前来接收振业火柴公司，经过多次抗争，再三申明振业系股份公司，所有股东都是中国人，组织简章明文规定概不收外资，最后经国民党南京政府实业部调查核实，确认振业火柴公司确实没有日伪敌产，才幸免"充公"。1945 年 12 月，丛良弼病逝，终年 77 岁。

不久，国民党为打内战，把大批军队调入济南，振业火柴公司因为刚刚恢复生产，有的仓库、车间暂时闲置，成了驻军之所。1947 年 10 月，因驻军烤火不慎引起火灾，整个包装车间被烧毁，损失惨重。经过全厂职员们的积极努力，很快便恢复了生产。

1948 年 9 月，济南解放，振业火柴公司也获得了新生，走上了恢复发展的道路。1949 年，济南全市共有火柴总厂 21 家，因火柴业市场供大于求，不久便有许多工厂倒闭歇业。为了帮助私营火柴企业克服暂时困难，政府采取了一系列措施，帮助他们恢复和发展生产。火柴生产初步趋于稳定，并逐步开展了技术革新，设计安装了排梗机机械设备，使工人减轻了

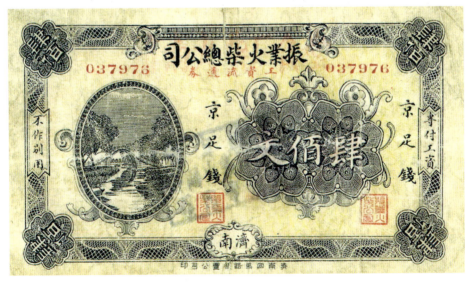

振业火柴总公司发行的工资流通券

体力劳动，工作效率得到了提高。1949 年 10 月，振业火柴公司开展了工人运动，发展了党的组织，并正式成立了工会，极大地调动了工人的积极性。次年 9 月，火柴行业开展民主改革运动，振业火柴公司首先取消了封建把头制度，由工人推选生产管理员和班组长，彻底废除了搜身制。

1953 年开始，人民政府对私营工商业进行社会主义改造。经过一段时间的工作，振业火柴公司于 1955 年 4 月实行了公私合营，更名为公私合营济南振业火柴厂。同年 12 月，又将私营的益华、华成、国华、胜利四家火柴厂连同已经合营的鲁西火柴厂、裕华火柴厂、济南盒梗厂同时并入振业火柴厂，原属振业的济宁、青岛、蚌埠分公司（蚌埠分公司为 1947 年创办）移交当地人民政府管理。

1958 年，公私合营济南振业火柴厂并入地方国营济南火柴厂（原恒泰火柴厂），利用振业旧址，形成新的济南火柴厂。此后，济南火柴厂在发展生产的同时不断进行技术改造，厂房与设备不断更新。济南火柴厂生

1982 年，济南火柴厂建成我国第一条年产能力为 36 万箱的机械化生产流水线

产的出口产品双喜牌安全火柴，自 1965 年开始行销我国港澳及东南亚、赞比亚、也门、智利等 16 个国家和地区。1979 年，轻工部选定济南火柴厂为行业样板厂。1982 年获全省同行业质量评比第一名，除供应省内 53 个县、市外，还外调安徽、内蒙古等 8

公私合营济南振业火柴厂生产的"白鹭"火柴

个省市自治区。至 1985 年，形成年产 135 万件火柴的生产能力，"济南"牌安全火柴也被评为部优产品。作为轻工业部重点企业的济南火柴厂，一度成为国内规模最大的火柴生产企业，在"振业"的旧址上，续写着国产火柴的精彩篇章。

# 张采丞与兴顺福磨面公司

酱园东家开办的济南第一家大型面粉厂

张采丞（1868—1934）

济南第一家机制面粉厂，名为兴顺福机器磨面公司；济南第一家机器榨油企业，名为兴顺福机器榨油厂。这两个第一家，都是寿光人张采丞开办的。

张采丞（1868—1934），原名张克亮，行四，山东寿光柴庄村人。少时随兄在家种地，后去羊角沟其父开设的兴顺盛粮行学做生意。14岁的时候开始贩卖虾酱，从羊角沟用车装货，行销于寿光南乡一带。不久，张采丞与兄长分家，他继承了父亲的事业，用自己分得的财产，将父亲开设的粮栈改字号为兴顺福粮栈继续经营，这是张采丞开办的第一家企业。清光绪十七年（1891），张采丞兴建房屋百余间，在扩大兴顺福粮栈的基础上，增设源顺福酱园。源顺福酱园充分利用羊角沟得天独厚的资源优势，制作酱油、醋、甜酱以及各种咸菜，在食材、时蔬相对紧缺的当时，产品顿时风靡市场。很快，酱园的收入一度超过粮栈。

从14岁贩运虾酱，到16岁子承父业，再到23岁源顺福酱园的开设，张采丞随着产业一起不断成长，商业才华开始初露锋芒。当时，张采丞流动资金5万银元，雇用店员30余人，属于羊角沟的商业大户。粮栈主要向旅顺、大连等地贩运小麦、苇席等地方特产，再由大连运回木材及高粱等市场需求量较大的物品，因其善于经营，资本实力不断发展壮大。张采

清朝末年的羊角沟

丞已不满足现有的产业，便有了向外扩展的念头。

胶济铁路通车后，张采丞将羊角沟的粮栈、酱园委托给他人掌管，携银3000两，举家迁至济南。他先是在泺口开办兴顺福粮栈分号，后又在经一纬一路附近开设兴顺福粮栈北记。张采丞经营粮栈多年，轻车熟路，很快凭借粮栈生意在济南商界崭露头角。随着济南商埠的建设，张采丞选择了经二纬三路一块地段租下，这里是商埠要地，距离火车站不远。他在这附近先后创办了兴顺福木材厂、兴顺福机器油坊、兴顺福机器面粉厂、兴顺福铁加工厂等企业。

1909年，张采丞花重金购买一批榨油机器，开设兴顺福机器油坊，后改名为兴顺福机器榨油厂，榨制及经营大豆油、花生油、棉籽油，并兼营豆饼。这是济南第一个以机器取代传统榨油工艺的企业。

1913年，张采丞又在粮栈内创办了兴顺福西记面粉厂，后改名为兴顺福机器磨面公司。为实现快速量产，公司引进了4部立式石磨和2部蒸汽发动机，日产面粉500袋，一半销往本地，一半销往青岛、天津等地。兴顺福机器磨面公司的兴办，第一次实现了济南粮食加工业由传统手工作坊向机械化生产的转变。至1924年，济南总计有面粉厂11家之多，年出粉量达980万袋，日出粉量达3万多袋之巨，从而使济南与上海、无锡、

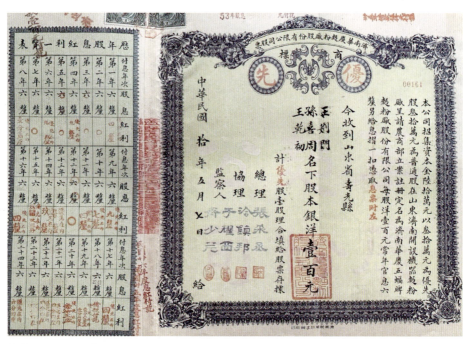

华庆面粉厂股份有限公司股票

汉口、哈尔滨、长春成为当时面粉业六大中心。

1918年起，张采丞开始着手扩大面粉厂规模，在官扎营选购土地后，联合蓬莱人冷镇邦，共同筹集启动资金30万元，同时召集时任山东省督军的田中玉以及其他190余名社会名流参股其中，给面粉厂的扩大经营奠定了雄厚资金基础。1921年，面粉厂建成投产，总经理张采丞，协理冷镇邦，起初叫"兴顺福西记"，最后定名为"华庆面粉厂股份有限公司"，商标是"梅花五蝠"。由于面粉质量好，除畅销济南外，还远销北京等大城市。为了运输方便，张采丞与津浦铁路局协商，修了一条铁道岔路直通华庆面粉厂的仓库。成袋的面粉直接从华庆面粉厂的仓库上了火车，销往全国各地，由此可见华庆面粉厂当年的盛况。1937年春，华庆面粉厂又增资9万元，资本额达40万元。

继华庆面粉厂之后，张采丞又在经二纬三路兴建了兴顺福铁厂，雇用德国人白少夫做绘图员，尽管这个铁厂没有技术员和工程师，但几个能工巧匠按照白少夫的图纸就可以制造锅炉、动力引擎等设备配件。铁厂最多时工人达 150 余人，是那时济南的大企业。白少夫还曾研制小型轮船在小清河上试航，又仿照试制汽车在市内试运行。

张采丞认为自己所涉足的众多产业，都具有很大的不稳定性，唯有干酱园才是长久之计。依靠酱园发家的张采丞，于 1926 年在粮栈临街处加盖一座铺面房，创办兴顺福酱园。酱园位于经二纬三路路西，前面是门头，后面为作坊。由其子张葆生任经理，主要经营酱油、食醋、豆酱、甜酱、虾酱、虾油和各种咸菜。

在开业之初，张采丞重金聘请了两位名师，其中最有名的是一位姓苏的师傅。苏师傅对各种产品都不惜工本，选择上好的原料，严格遵循古法炮制。例如，煮豆腐要选择上等酱油，虾油来货后必须经过加工，滤除杂质以后方可以出售或用以制作虾酱和其他各种小菜。因而兴顺福酱园的酱菜可谓物美价廉，吸引了很多回头客，销量一直不错。

兴顺福酱园以诚信为本，注重商号信誉，童叟无欺，不短斤短两，在卖东西时，只许秤高，不许秤平，更不许少秤，价格也低于同行业水平。兴顺福酱园对服务看得很重，店规要求凡是来店里购买商品的顾客，店员一定要做到童叟无欺，以礼相待。对待外地顾客更要热情迎送，包装妥帖。因为地处火车站站前，为了便于外地人购买携带，店铺专门定制了小竹篓盛装。小竹篓分一斤装和二斤装两种，造型近似鱼篓。为防止渗漏，还在外面涂了厚厚的一层桐油。用带有黑色字体的方形大红纸以麻绳扎口，然后再绑成个提手，方便美观。兴顺福酱园一直保持兴旺发达的势头，最盛的时候拥有资金近 100 万银元。虽说张采丞创办了这么多企业，但是真的让他扬名济南的还是兴顺福酱园。

张采丞注重商号信誉，善于经营，不过数年已成为济南工商界的首富。1925 年，他被推举为济南商埠商会会长，后被推举为首届济南商业研究会会长、济南红十字会会长。1934 年，张采丞身染重疾，病逝于济南。

张采丞留下的华庆面粉厂于 1955 年实行公私合营，后改名北山粮库、北山面粉厂，1998 年改名为济南民意面粉公司。张采丞的兴顺福酱园，新中国成立后生产设备实现了更新换代，仅腌咸菜用的博山大缸就达到1293个，成为全市酱菜行业的大户。1956年公私合营后，腌场迁移泺口，1981年在泺口新建起万吨酱油生产车间。1990年后，兴顺福酱园被拆除。兴顺福酱园共经营了65年，是济南家喻户晓的老字号。

张采丞的故居一直保留至今。故居临近纬三路，是一栋中西合璧风格的二

张采丞故居

层洋楼，修建于1907年。经过修缮，现在已经对公众开放，如今是市中区文物保护单位。

# 穆伯仁与惠丰面粉公司

从推独轮车到商会会长，他开办了济南第二家机制面粉厂

济南惠丰面粉厂由桓台人穆伯仁1918年4月在济南三里庄创办，平均日产面粉3800袋。惠丰面粉厂与无锡荣氏在济南陈家楼开办的济南茂新面粉公司，以及穆伯仁亲家苗杏村开办的成丰面粉厂在济南甚至全国都十分有名。创办人穆伯仁是近代济南工商界领袖人物之一，曾任泺口商会会长、济南商埠商会会长，他先后创办过惠丰面粉厂、通惠银行、仁丰纱厂等企业。

穆伯仁（1867—1935），名德荣，字伯仁，出生于乌河东岸之索镇雅河村一个贫寒之家。他9岁入塾，聪慧好学，学业优异，

穆伯仁（1867—1935）

但因家境贫困，12岁即被迫辍学，拉小车走街串巷贩卖棉油，18岁推小车贩卖煤炭。清光绪十八年（1892），他到索镇恒和油坊当伙计，其间，受经理耿茂和委派，到寿光羊角沟坐庄收购大豆。索镇同兴商号东主高鸿文，欣赏穆伯仁的精明强干，经与恒和油坊的耿茂和协商，聘请穆伯仁兼为同兴商号效力。光绪二十年（1894）穆伯仁被派至济南泺口坐庄收粮。当时的泺口镇为济南近郊，无铁路运输，东北各省的粮食多由海运再沿黄河或小清河直抵泺口，致使舟船林立，粮积如山，从而成为省内最大的粮食集散地。经过穆伯仁一段时间的运筹经营，同兴商号大获其利，恒和油

坊也受益颇丰。

清光绪二十七年（1901），穆伯仁在泺口创办了属于自己的同聚和粮栈。转年，鲁北一带及东北三省大豆丰收，但鲁南及河南歉收。入冬后，恰有一吉林粮商海运大豆至羊角沟，逢价格大跌而难以出售。穆伯仁知悉后前往验粮面议，低价收购，存至来年4月粮价大涨，获利颇丰。其后，当同聚和派员赴广州考察生米行情时，偶然间遇一客商存有大批桐油滞销，于是经洽谈运至济南为其代销，之后价格居然升涨数倍。如此数番，开业仅三年的同聚和即获利近万两白银，完成了资本原始积累。至1904年，同聚和在济南设立三处分号，还在博山创办同和泰商号，在索镇设立德兴福、德兴隆商号，在义和庄设立德兴恒油坊，利用小清河与乌河航运的便利条件，穆氏企业在泺口和桓台两地都得到迅速发展。

穆伯仁恪守信誉，在泺口商界的威望也进一步提高，泺口银号、钱庄都愿与之交往并竭诚资助。1905年泺口成立同业商会，他被选为商会会长，同时又捐授孔府"百户厅"，社会声望日渐提高。

此时，济南商埠刚刚开办，穆伯仁看准商机，于1905年在商埠区大量购置廉价土地，建成房舍达十几所，率先创办了德兴昌粮油店，成为最早在济南商埠区投资创业的企业家之一。德兴昌粮油店设有多家联营店，还兼营花生米、山楂、胡桃、栗子、食糖等土产杂货，生意兴隆，其货物远销至徐州、南京等地，成为驰名远近的品牌企业。津浦铁路通车后，穆伯仁又在济南商埠创办德兴和粮行，新建南北二楼各18间房屋，还建成容粮十几万吨的大粮库，由此成为商埠区较大的粮栈之一。为规范济南粮油行业经营，穆伯仁与苗杏村等人商议后，牵头组织济南商埠粮业同行订立行规，互为接济，互相支持，赢得同业者的信赖。

1913年穆伯仁出任首届商埠商会会长，此后他的事业几乎一年上一个新台阶。为摆脱私营银号钱庄的制约，解决发展企业资金不足之困难，穆伯仁集资60万元在经三纬五路开办了通惠银行，任董事长。1917年4月，济南通惠银行正式开业，总行设在济南城内西门大街，分行设在商埠纬四路，资本总额100万元，总理穆伯仁，协理杨济川，经理许继东，副经理陈树元。济南通惠银行落户商埠后，逐渐形成了一条南北走向的大街，遂命名为"通惠街"。

济南通惠银行办理存款放款，买卖有价证券，发行兑换券。通惠银行虽然名为"银行"，但其业务方式多采用银号的做法，仍用旧式账簿，手续较纯西式银行

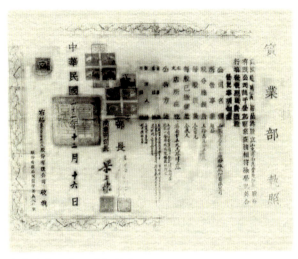

济南惠丰面粉厂登记执照

简单，因此深受粮商及土产杂货商人的欢迎。通惠银行曾于1917年至1926年发行过通惠银行券在济南流通，有1元、5元、10元三种面值的银元券及铜元券，发行额一度高达210万元。据资料记载，1927年8月，济南市面尚有银元票32万元，铜元票35万吊。张宗昌督鲁以后，滥发各类票债，并强令各大企业借款，通惠银行赔累不堪。1927年，济南通惠银行逐渐收拢业务，清理存放款，回收兑换券，于当年12月停止营业。

1918年，穆伯仁联合王兴斋利用经营通惠银行的资金优势，在济南商埠三里庄经五纬五路（后发展到经五纬三路）合资创办济南惠丰面粉股份有限公司。建厂股本最初为30万银元，到了1921年春天，又增加资金20万银元，股本增加至50万银元。济南惠丰面粉厂安装"脑达克"复式钢辊磨6部，于1919年8月建成投产，成为在济南诞生的第二家大型机制面粉厂。惠丰面粉厂商标为"双狮牌"，象征中华民族如猛狮一样威武。惠丰面粉质优量足，市场信誉好，产销数量在同行业中名列前茅。

穆伯仁与当时济南粮业公会会长苗杏村均为"桓台帮"的代表人物，且是儿女亲家，他们在创办企业中相互支持，苗杏村还在通惠银行、惠丰面粉、晋丰面粉、晋泰公司等穆氏企业参股投资，形成了利益共同体。但在兴办惠丰面粉厂时，两人却闹起了不愉快。1920年惠丰面粉厂要选一个

协理（副经理），身为董事的苗杏村本以为按照股份份额自己十拿九稳，没料到穆伯仁却另有打算，两人各不相让。争取协理一职未果，苗杏村生气地撤走了在穆氏企业的全部投资，并以这些股权和个人房产偿清通惠银行的贷款。后来苗杏村的侄子苗兰亭说，这是穆伯仁怕亲家的声望超过自己而使的绊儿，穆氏对此却三缄其口。苗杏村决心自己建厂，于1921年联合他的堂弟苗星垣、王冠东等人筹资7.6万元，创办了成丰面粉股份有限公司。苗氏家族创办成丰面粉公司后，在苗星垣的精心打理下，一举成为济南面粉业的龙头老大。

惠丰面粉厂此时却出了乱子。惠丰面粉厂因电线着火烧毁了全部的机器设备，无法继续生产。惠丰面粉厂遭受重创，陷入困境。穆伯仁及惠丰面粉厂的股东们向荣氏家族求援，荣家的面粉产业是当时的行业龙头，其产量占到当时全国面粉总产量的29%。荣氏家族采取投资入股的方式进入济南惠丰面粉厂，并成为了最大股东。惠丰面粉厂一面筹建新厂房，一面购买新机器，用了两年的时间，于1927年重新开业。在荣氏家族的鼎力

民国时期面粉厂的筛理车间

支持下，济南惠丰面粉厂发展势头强劲，"双狮"牌面粉在山东各地享有盛誉。

穆伯仁继创办惠丰面粉厂后，还在山西太原创立晋丰面粉厂，为加强与山西的业务联系，在济南商埠成立了晋泰公司。此后，他又把目光转向

了纺织业。1930年，穆伯仁得悉英国孟却斯德城市经济调查团的一份报告，披露的是日商在青岛开办纱厂，利用山东棉花、煤炭、劳动力等廉价资源，辗转产销，获利丰厚。穆伯仁与苗杏村等投资者协商认为，山东是我国重要的产棉区，每年销售纱布四五千万元之巨，其市场不能为日商占据。于是，穆伯仁、苗杏村等人审时度势，决定筹资在济南建设纱厂。

穆伯仁在济南惠丰面粉厂设立了纱厂筹备处，暂定名"宏源纱厂"。1932年秋，发布《招股章程》，确定股资总额为银元150万元。这时，主要发起人苗杏村退出，转而去筹建成通纱厂了。1932年12月，再次召开发起人会议，选出由11人组成的董事会，董事长为穆伯仁，副董事长崔景三、辛铸九，常务董事为马伯声等人，厂名为济南仁丰纺织股份有限公司。仁丰纱厂的"仁丰"二字，是主要发起人穆伯仁名字中的"仁"字，加上济南惠丰面粉厂的"丰"字，组合而成。12月4日，仁丰纱厂以每亩250银元的价格，购得津浦铁路以东黄吉甫土地55.82亩，黄吉甫复以地价折银元1万元入股，参与纱厂筹建。1933年5月，仁丰纱厂通过济南怡合洋行，订购英国造的细纱机30台等设备，又购置土地33亩。1934年3月，仁丰纱厂主厂房破土动工，共完成主厂房6620平方米，辅助厂房798平方米。1934年6月15日，仁丰纱厂举行开工典礼，正式投产，同年获实业部营业执照。

在仁丰纱厂举行开工典礼前的1934年3月26日，因为与股东出现矛盾，穆伯仁正式提出辞去董事长职务。1935年1月，董事会通过其辞职请求。1935年3月26日，推举崔景三为董事长，辛铸九、刘敏斋为副董事长。崔景三曾任冯玉祥的日文翻译，他请冯玉祥为仁丰纱厂题

冯玉祥为祝贺仁丰纺织染股份有限公司新厂开业而写的"实业救国"题词

20世纪30年代的仁丰纱厂外景

20世纪30年代的仁丰纱厂车间

写了"实业救国"的题词。

1935 年 3 月，仁丰纱厂订购阪本式布机 240 台，订购日本和歌山染机 28 台、细纱机 6 台和英国拔柏葛锅炉 1 台，增建锯齿状厂房。因资本缺口甚大，仁丰纱厂便采取边生产边招股的办法，较快形成了"自纺、自织、自染"的生产体系。至抗日战争爆发前，仁丰所产"美人蜘蛛"牌原白布，物美价廉，在国内外市场上爆款营销，形成了与日本在青岛出品的大五幅布竞争的实力。

穆氏企业在鼎盛期的资产达到 200 万银元之巨，实为山东实力雄厚的民族资本集团之一。一直追逐金钱增殖的穆伯仁，却是一位热心公益和教育事业的慈善家。1918 年，山东利津一带黄河决口，他首捐 3000 元后，积极组织救赈会，赴灾区救助受灾民众。他每每提及幼年因贫辍学之事，便意识到办好教育反哺乡里，该是自己发迹后最急需处理且最重要的一件义不容辞的大事。1921 年，他满怀对桑梓的深情，在故土雅河庄慷慨解囊捐资 6000 元筹建"德兴小学"，并承担学校的全部经费，时任大总统曹锟颁发"懿行大年"匾额以示褒扬，山东督军田中玉也曾亲书"博施济众"匾额相赠，后又聘穆伯仁为山东咨议。他大力扶持桓台老乡在济南务工、经商、办厂，并将他在济南商埠的德兴银号楼、惠丰面粉厂及仁丰纱厂厂房以及其他重点工程，都交由桓台营造厂承建，支持了桓台建筑业在济南的发展。

1935 年 12 月，穆伯仁虽病危，但向家人交代后事时，仍不忘扶危济困，特嘱为贫困族人和乡亲捐献土地 30 亩，语毕而逝，享年 68 岁。

1937 年冬济南被日本侵占后，惠丰面粉厂没有选择与日本人合作，所以经营惨淡。这时的经理是张仁三，副经理是李德甫，后来由曹庆三和刘俊衡接任了经理和副经理。抗日战争胜利后，1946 年 9 月 20 日，经山东建设厅批准，济南惠丰面粉厂恢复营业。这时的股东是 409 人，经股东大会选举，选出了孔云生等 9 人组成董事会，孔云生为董事长。任命孔云生的外甥满方估为经理，赵韶明为副经理。

1948 年夏，惠丰面粉厂又一次着火，自中午 12 点一直烧到下午 3 点

不孝承重孫克鴻　侍奉無狀禍延

顯祖考伯仁太府君慟於民國二十四年　國曆十二月五日

亥時壽終濟寓正寢距生於清同治六年八月二十日吉時享壽六十九歲等隨侍在側親覩含殮遵禮成服旋於同年十一月二十日扶柩回籍當蒙惻弔銘刻五內茲卜於本年夏曆閏三月初八日辰時治喪戌時家奠成主申時銘旌九日已時發引申時敬啟

顯祖妣王太君壙合葬於莊北祖塋之次明在

穆伯仁逝世时的讣告

伯仁先生　千古

於休先生道德豐隆经商裕國管晏同功

振興學校撫恤振窮善則稱親尤世所崇

高年溘逝歸真太空玉今濟濼永著高風

何思源敬誄

山东省教育厅长何思源为穆伯仁题写的挽词

多，烧毁了全部设备。因损失巨大，这次着火后该厂没有再重新建设。8月28日，惠丰面粉厂解雇了全部工人，随后又与丰年面粉厂合营。济南解放后，军管会恢复了惠丰面粉厂的生产。当时，济南市区共分布着8家面粉厂，因政策需要，全部迁往山东其他的地级市。莱阳作为胶东专署所在地和军事重地，尚没有一家大型面粉厂，政府决定将惠丰面粉厂逐步分迁到这里。1952年，莱阳开始兴建面粉加工厂。

　　1955年，济南惠丰面粉厂实现了公私合营，公方代表是厂长陆广顺、生产计划科科长张耀南。1956年，惠丰面粉厂由济南迁到莱阳，并于次年7月1日正式开业，更名为莱阳县粮油加工厂。当时，有60多名工人跟随着惠丰面粉厂从济南迁至莱阳，成为面粉厂发展的中坚力量。搬迁后的面粉厂日加工小麦60吨，企业性质也由公私合营改为国营企业。

迁至莱阳的济南惠丰面粉厂厂房

# 于耀西与东裕隆烟草公司

银行家创办卷烟厂，开济南卷烟工业先河

1929 年北洋东裕隆烟草公司生产的"嘉禾"牌香烟，是济南机器卷烟史上诞生的第一个香烟品牌。

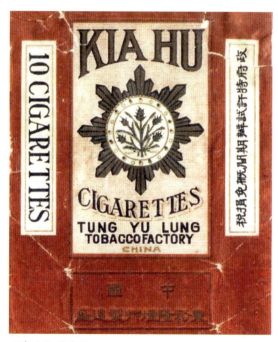

"嘉禾"牌香烟

香烟起源于美国，于1890 年左右输入中国。中国第一家民族资本经营的烟厂出现于 1903 年，是曾少卿在上海创办的上海中国纸烟公司。在北洋东裕隆烟草公司诞生之前，济南吸烟的人多吸旱烟、手工卷烟以及外地、外国生产的机器卷烟。如 1914 年版《济南指南》上就出现了位于商埠二马路的山东烟公司，1919 年版《济南指南》上又增加了位于院东大街的南洋兄弟烟草公司和位于小纬二路的英美烟公司。1927 年《济南快览》记载，"英美之纸烟，年达两千余万"。《济南市志》《济南卷烟厂志》等权威文献，都把东裕隆烟草公司作为济南机器卷烟的发端企业。

东裕隆烟草公司的创办人为于耀西（1888—1935）。1918 年，掖县（今莱州）人刘子山在青岛独资创办东莱银行，并在济南设立了分行，委派30岁的海阳人于耀西任济南分行经理。于耀西精于金融投资，很快便在济南工商及金融界崭露头角。他出任东莱银行济南分行经理后不久，便参与了裕兴颜料厂的重组，借机成为该厂的大股东。

裕兴颜料厂筹建于1919年。创办人是掖县人邹升三，他在青岛开设裕东太百货店，在日本大阪设有外庄。当时负责购销业务的驻日代办人王敬亭对经营企业颇有见地，他看到日本的硫化染料制造简易，成本低，很适合当时的中国。于是在王敬亭的积极倡议下，邹升三联合青岛源裕兴经理李助如、恒祥茂经理贾仁斋，共集资3万元，张忠卿任经理，王敬亭为厂长，聘请日本技师一名，在济南筹建山东裕兴颜料厂。由于这种染料使用简便，价格低廉，正适合当时农村经济的特点，农民大都自织土布穿用，所以很快便在农村创开了牌子，产品销路颇畅，利润倍增。

1921年冬，原山东兵工厂厂长李正卿以小清河由黄台板桥至五柳闸的航道系山东兵工厂专用线为由，不许裕兴使用。当时裕兴股东代表邹升三及经理张忠卿四处奔走，并请东莱银行经理于耀西代为斡旋。后经各方磋商，达成协议，并决定改组裕兴，由于耀西、车百闻、李正卿、王雨宸、刘文山、

裕兴颜料厂旧址

苗星垣等重新集资招股，号称10万元（实际集资8万余元，差数后来由源裕兴公积金内补足），连源裕兴财产登记资本为20万元。时以原股东邹升三为首的青岛派，与新股东于耀西达成默契，推选于耀西为董事长兼总经理，原经理张忠卿，厂长王敬亭继续留任，车

民国时期的烟厂车间

百闻为监察人。1922年春，组成新的董事会，正式成立了山东裕兴颜料厂股份有限公司。在于耀西经营的七八年间，是裕兴颜料厂的鼎盛时期，年销煮青最高达1万箱左右（约合500—600吨），年盈利10万元左右。

1924年，济南成丰面粉股份有限公司资金周转发生困难，于耀西参股2万元，同时东莱银行给予信用透支200万元，使成丰面粉厂渡过了难关，于耀西因而出任该公司董事长。就在这一年，他当选为济南商埠商会会长，不久又被选为山东省商会联合会会长。

1926年5月，山东军务督办张宗昌为筹集军费强行向济南银行、商会借款200万元，于耀西因暗中抵制此事，受到张宗昌通缉，被迫暂避青岛。1927年，于耀西购买了位于原经二纬六路220号一个歇业的榨油厂的房产（四层砖木结构的楼房，占地面积1940平方米）和设备，准备改建为东裕隆机器榨油厂。但当年农业歉收，花生价格猛涨，榨油无利可图。适逢天津卷烟业兴旺，于是于耀西在1928年果断购置卷烟设备，创办了北洋东裕隆烟草公司，拟生产机制卷烟。1929年，北洋东裕隆烟草公司正式生产"嘉禾"牌卷烟，结束了济南只有手工卷烟的历史。

而这一年，对于耀西来说是个多事之秋。1928年"五三惨案"发生后，于耀西与何宗莲等组织"济南临时维持会"，于任副会长。在此期间，他以商会名义告知日本驻济南领事西田畊一，新城兵工厂存有价值百万元的军火，请其加以保护。没过几天，该厂所存军火竟被日军销毁。因向西田

提出质疑，于耀西遂遭日方下令逮捕，他闻讯被迫逃亡上海等地。1929 年
3 月于耀西返回济南，7 月又被国民党山东省政府逮捕。事情发生后，东莱
银行免去了于耀西济南分行经理职务。成丰面粉厂也趁机将东莱银行贷款
转到济南泰丰银行，通过选举取消了于耀西的该厂董事长职务，迫使其退
出了在该厂的全部投资。于耀西蒙受不白之冤后，济南工商界 300 多人向
当局请愿，同年 12 月，国民党济南法院对"于耀西汉奸案"进行审判。于
耀西不承认在财政上积极支持张宗昌，并说济南惨案期间曾掩护过两名国
民党人。不久，他被无罪释放。出狱后，于耀西继续经营东裕隆烟草公司
和裕兴颜料股份有限公司。

据 1930 年 1 月《济南市政月刊》2 卷 1 期《济南市工厂调查表》刊载：
1929 年"东裕隆烟草公司投资总额 2 万元，月出 70 箱，生产'嘉禾'牌
等 5 种卷烟，月需烟叶 1300 磅。工人：男 35 人、女 45 人，每月平均工资
24 元，每日工作 8 小时"。这是东裕隆烟草公司生产情况的最早记载。除"嘉
禾"外，至 20 世纪 30 年代初期，东裕隆生产的烟草品牌还有"斗鸡""进
德会""华北""大明湖"等，分为 10 支 / 小盒装和 50 支 / 大盒装两种规格。

"华北"牌香烟

"斗鸡"牌香烟

"大明湖"牌香烟

1932 年，东裕隆烟草公司拥有 10 英寸大型卷烟机 3 台。1933 年，北
洋东裕隆烟草公司更名为"华北东裕隆烟草公司"。当时公司的一楼装有

切烟机和烘烟机，并设手工抽梗工序；二楼装有两台卷烟机；三楼为手工
包装工序。抽梗和包装工序最多时有计件
临时工 240 余人，全部是女工。每日两班
生产，白班从 7 时至 15 时；中班从 15 时
至 23 时，日产 24 小箱，折合 12 箱卷烟。
1934 年，华北东裕隆烟草公司的投资数额、
工人总数和卷烟产量，均为济南同期民营
烟厂之首。华北东裕隆烟草公司自行在青
州一带采购所需烟叶，所用商标纸和条包
装由青岛祥瑞行印刷厂印制。所产卷烟全
部由济南当地烟行代销，其中多数由烟行
转销省内济宁、滕县、兖州、泰安、潍县、
青州等地。

济南卷烟厂出产的"东裕隆"牌香烟

　　华北东裕隆烟草公司生产的"大明湖"牌香烟尤为畅销。该品牌香烟
分为加烟精（即鸦片）和不加烟精两种，烟丝制作一样，价格不同。"大明湖"
牌香烟一箱（5 万支）售价 100 多块银元，需按 60% 交税。当时，山东省
的卷烟税收由山东省政府主席韩复榘手下的师长们派员分别坐厂征收，华
北东裕隆烟草公司由师长孙桐萱派人驻厂。当时各个烟厂表面盈利不大，
有的甚至亏损，但实际上卷烟所得甚丰，生产经营卷烟的赚钱诀窍在于偷
税。华北东裕隆烟草公司私刻纳税印鉴，趁夜间将偷税卷烟偷运出厂，天
亮前送往城顶（现共青团路）的烟店销售。由于驻厂税收员收受资方贿赂，
对此装聋作哑，不予过问。因此，华北东裕隆烟草公司实际产量比报税产
量大得多。

　　继东裕隆之后，20 世纪 30 年代上半期，华商又先后在济南开设了铭昌、
鲁安、华通、成安等四家机器卷烟厂。1934 年，在华英美烟草公司改名为"颐
中烟草运销有限公司"，为打压新兴起的民营机器卷烟厂，夺得在华市场，
他们收买国民党政府官员，并通过法令，强令全国中小城市的民营烟厂迁
往青岛、汉口、天津三地，否则不准生产。东裕隆公司和济南其他几个民

营烟厂都接到迁厂命令。以于耀西为首，在地方法院打官司，反对迁厂天津，官司旷日持久。自接到迁厂命令以后，于耀西忧愤成疾，于1935年病故，年仅47岁。于耀西去世后，东裕隆一度陷于入不敷出境地，最终于1937年被迫停工。

　　1939年，东裕隆烟草公司被日本商人收购。济南解放后，人民政府接收了东裕隆烟草公司，更名为"济南烟厂"。1950年，济南烟厂迁至黄台，更名为"济南黄台烟厂"。1958年，黄台烟厂与天桥烟厂合并，更名为"济南卷烟厂"并沿用至今。

20世纪80年代的济南卷烟厂

# 马伯声与英美烟草公司

卖洋烟卷的高级职员从这里出发，一步步成为济南商界巨子

自1890年卷烟进入中国市场，世代吸旱烟、水烟的中国烟民渐渐地移情于这种价贱、细长，又有独特香味的香烟。在过去，济南较为畅销的卷烟品牌有中国南洋兄弟烟草公司生产的长城牌、金砖牌香烟，中国三兴烟草公司生产的美女牌香烟，上海华成烟草公司生产的美丽牌香烟等。但最负盛名的，还是英美烟草公司生产的哈德门、前门、老刀等品牌的香烟。

济南开埠后，随着胶济、津浦铁路的通车，济南成为了华北一带的物流中心。1913年，驻华英美烟草公司（British American Tobacco）为了扩

英美烟草公司广告

大内陆市场，在交通便利的济南设立了办事处，1919 年升级为济南分公司。曾参与创办济南仁丰纱厂、济南惠丰面粉厂的商界巨子马伯声，1919 年 3 月至 1921 年间就曾在英美烟草公司济南分公司供职，管理该公司在山东的高级卷烟业务。

马伯声（1890—1966），又名马玉俊，回族，出生于泰安城内圣泉街。其父马仁德，祖籍德州，清光绪年间随母逃荒来到泰安定居，曾在泰城西门外开设一个包子铺。起初因资金紧张，常靠赊借维持。马伯声对父母很是孝顺和敬重，后来创办的学校和面粉厂均用其父名讳。马伯声在 10 岁左右父母送他进泰城西关天书观上小学，后由回族拔贡杨茂洲资助转入杨氏义塾免费读书，但因家庭贫困而不断辍学，至 18 岁读完小学课程。其父托人在当地清真寺小学为他谋了个差事，在该校任教。1911 年，马伯声结识了泰城耶稣教会华籍牧师文莱泰，文将其介绍给泰安翠英中学校长美籍教师韩培瑞（Perry O.Hanson）。1912 年马伯声辞去教师职务，来到这所学校上学。他学习刻苦，成绩突出，三年就读完该校旧制四年课程。

马伯声中学毕业那年正值第一次世界大战爆发，英国在华招工赴欧参战，马应募考取翻译，于 1915 年 9 月由青岛搭轮船，经过加拿大、伦敦，1917 年到达法国博朗城，参加搬运军粮和伐木等劳务，历时三年，备尝艰辛。1919 年 12 月，29 岁的马伯声由欧洲回国。第二年 3 月到济南，他以自荐的方式致函英美烟草公司求职，该公司命其管理山东高级卷烟工作，月薪 30 元。

英美烟草公司是英资企业，它的发起却源自美国。美国是卷烟工业化的发源地，1890 年，烟草大王詹姆斯·布加南·杜克（James Buchanan Duke）在兼并一百多家小烟草公司的基础上，联合美国另外五家烟草公司组成了托拉斯美国烟草公司，并很快控制了美国的卷烟市场。1901 年，美国烟草公司进军英国市场，买下了位于英国利物浦的奥革登烟草公司，并抢先在英国注册了英国烟草公司。为抵御美国人的冲击，英国本土 13 家烟草公司立刻联合起来，注册成立了托拉斯帝国烟草公司，并采取了一系列竞争行动。1902 年，为了平息激烈的贸易战，帝国烟草公司与美国烟草公司达成合作协议，双方约定互不在对方所在国市场制造和销售产品，并合资创办英美烟草公司，英、美市场之外的业务全部交由英美烟草公司经营。英美烟草公司的总部设在伦敦，美国烟草公司占 2/3 股份，帝国烟草公司占 1/3 股份，由杜克担任董事会主席。

1903 年，英美烟草公司在上海设立分公司，并收购了美国纸烟公司浦东工厂和英国威尔斯公司。同时，在香港注册成立了美国香烟公司（American Cigarette Co.），承担英美烟草公司在中国的卷烟制造。1905 年，美国发生虐待华工事件，工商业者抵制美货，于是英美烟草公司旗下的美国香烟公司更名为大英烟公司（British Cigarette Co.）。1911 年，英美烟草公司的大股东美国烟草公司被美国最高法院认定违反了《谢尔曼反托拉斯法案》，被分解为四家公司。英国投资商认购了美国烟草公司在英美烟草公司所持有的大部分股份，合资的英美烟草公司变成了彻彻底底的英资企业。由于与帝国烟草公司签订过地域协议，英资企业英美烟草却不能在英国本土开展业务，它的业务重心在海外，中国是当时英美烟草公司最大的贸易市场。

英美烟草公司负责中国香烟市场的是詹姆斯·托马斯，他是第一批了解中国做生意方式的西方人之一，非常懂得中国人做生意的方式，快速建立起人际关系网，很快便把香烟融入了中国市场。英美烟草公司最初销售的是美国、英国生产的香烟，随着中国业务的扩大，英美烟草公司开始在中国建厂，并谋求在中国本地种植烟叶。这时，英美烟草公司在华的销售权由下属的麦司塔德公司掌控，生产由大英烟公司完成，运输由各地分公司承担，这种组织结构已经不能适应快速发展的中国市场。1919 年，远在英国的英美烟草公司总部投资成立了中国英美烟公司（British-American Tobacco Co.[China]），总公司设在上海，接管了在华工厂及机构，总揽英美烟草公司在华的烟草业务。1921 年，英美烟草公司通过买办郑伯昭成立了永泰和烟草股份有限公司，专司卷烟销售。到 20 世纪 30 年代，形成了以中国英美烟公司为首、大英烟公司负责制造、永泰和公司负责销售的垄断结构，形成了一套完整的产、供、销体系，英美烟草在华经营达到了顶峰。

英美烟草公司的卷烟包装车间

　　过去，济南市场销售的高级卷烟都是西洋货，基本都是英美烟草公司制作或出售的。20世纪三四十年代，济南人习惯吸英国式卷烟，烟叶以美国弗吉尼亚烟叶为最佳，品牌则以英美烟草公司出品为最好。济南英美烟草公司最早销售的卷烟品是茄力克（Garrik），由英国直接进口，50支听装售价1块银元，是最高级的香烟之一，济南有头有脸的洋商及买办都抽这个烟。当时有民谣说："眼上戴着托立克（水晶眼镜），嘴里叼着茄力克（香烟），手里拿着司梯克（手杖）。"抽茄力克香烟过去是一种身份象征。富家太太一般吸三九牌（999）香烟，烟支细长，50支听装的售价与茄力克相仿。更为人熟知的海盗牌（Pirate，俗称"老刀牌"）卷烟，最初由英国惠尔斯公司（后并入英美烟草公司）生产，后来实现国产，价位定在中下档次。英美烟草公司出售的绞盘牌（Capstan，俗称"白锡包"）、炮台牌（Three Castles，俗称"绿锡包""三炮台"）、红宝石皇后牌（Ruby Queen，俗称"红锡包"）三种卷烟，前两种是济南当时十分流行的高级烟，后一种是中低档烟。绿锡包50支听装卖五角，20支盒装卖二角；红锡包俗称"大粉包"，价格低廉，行销最广。

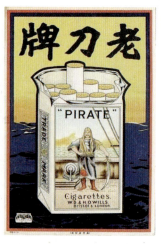

红锡包香烟广告　　　　绿锡包香烟广告　　　　老刀牌香烟广告

　　与上述在国外注册品牌的香烟不同，民国时期，济南英美烟草公司销售的前门（Chien Men）、哈德门（Hata Men）牌卷烟都是在中国注册商标，并在中国生产的。"前门"指北京的正阳门，英美烟草公司于1916年推出"前门"品牌，它一直是英美烟草公司坚挺产品之一，行销最久。"哈德门"指北京的崇文门，1919年在中国注册生产，质量及售价次于前门香烟。这些在中国生产的香烟，烟叶最初以美国进口烤烟为主料，后来使用潍坊产烤烟拼配一部分外国产烤烟，并在烟丝中添加甘油、红糖等以增加烟丝的

哈德门香烟广告　　　　大前门香烟广告

柔润性。与那些西方品牌相比，这些有中国符号的香烟更受中国市场欢迎。

此时，在英美烟草公司得到历练，有了一定社会声望和商务关系的马伯声却决定辞去职务，另起炉灶。马伯声认为，保险业在中国是新兴产业，颇有发展前途。1921年，恰逢英国在华经营的保泰保险公司济南经理处物色华人营业员，马伯声经别人介绍入职该公司。保泰保险公司亦称南英商务保险公司（South British Fire & Marine Insurance Co.），是一家英资企业，1872年创立于伦敦，中国分公司设在上海，1918年在济南设立代理处，在济业务最初由天津英商华隆洋行代理，地址在经四路公园后。马伯声认真勤恳，善于交际又恪守赔偿信用，从而业务日益发展。马伯声的高工作效率，深得保泰保险济南经理处经理施孟士赏识。两年后施孟士回国探亲，将该公司的全部业务及债权债务手续全部委托马伯声办理。不久之后，马伯声升任该公司经理。

到20世纪20年代中后期，保泰保险公司的保险业务扩展到南到长江、西至太原、北达沈阳的广大区域，随着业务范围的扩大，马也成为工商界巨子。此间济南惠丰面粉厂曾发生一次火灾，在马伯声的通融下，保险公司给予了很优厚的赔偿，一时传为美谈。惠丰面粉厂为酬谢马伯声，遂赠股票作为他的股资。

马伯声认为保险事业是服务性行业，应该由华人经营以挽回利权。于是，积极扶植济南金城银行创办太平保险公司。1929年11月由金城银行独

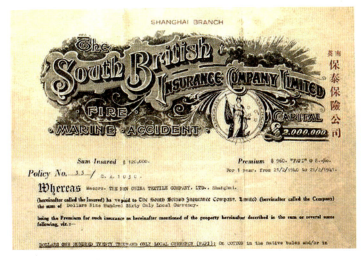

保泰保险公司保单

太平人寿保险股份有限公司标志

资创办太平保险公司，1934 年改由金城、大陆、中南、交通、国华 5 家银行共同投资。1932 年 9 月设济南分公司，地址在经四路中山公园后。而后，马伯声因兴教育、搞农场、办纱厂等事繁任重，遂将保险事业交其三弟马一青经营管理，任太平保险公司济南分公司经理。

　　1929 年，马伯声在泰城创办第一家机器工厂——仁德面粉厂。同年，他开始参与穆伯仁、崔景三以及桓台苗氏资本集团在济南筹资兴办纱厂的活动。当时，创办纱厂至少要集资 100 万元，而马伯声仅有 3 万元，因此打算借助桓台商人的雄厚资金，集股经营，而苗家却联合济南其他资本家退出，另办成通纱厂（济南国棉二厂的前身）。1932 年 12 月，确定厂名为仁丰纺织股份有限公司。仁丰纱厂初期以纺纱为主，后增建了织染二厂，集纺、织、染于一体。筹办之初，马伯声大胆向外省招股，并凭个人信誉赊来机器，边建厂边投产。由于资金不足，生产经营中的运作处处捉襟见肘，开工不到一年股东之间便发生分歧，董事长穆伯仁辞职，部分股东相继离去。马为谋求企业发展，实行常年招股的办法维持生产。

"美人蜘蛛"商标

虽然面临重重困难，经马伯声的积极活动和艰苦经营，"仁丰"逐渐成长壮大，至 1934 年 6 月仁丰纱厂有纱锭 1260 枚，工人 570 名，生产 16 支棉纱。到 1935 年生产棉纱规格增加至 10 支、16 支、20 支、32 支 4 个品种，是年 4 月购进织机 240 台，染色机 28 台，增设织布和染色厂房。当时，仁丰纱厂非常注重自己的经营特色，马伯声注重对工人的培训，产品质量在国内首屈一指。其中，"美人蜘蛛"牌 12 磅原白布物美价廉，与日本产品竞争于国际市场，代表了当时济南甚至中国轻工业产品的最高水平，仁丰纱厂从此声名大噪。业界称其发展有"奔腾澎湃，一日千里"之势，被当时的华商纱厂联合会誉为"后起之秀"。

1937 年初，由刘尊五介绍中国银行和金城银行投资 100 万元于仁丰纱厂。3 月 5 日举行股东大会，通过了董事会提交的接受中国、金城两银行投资 100 万元的议案，并修订了章程，选出新的董事会，增设总经理职位。崔景三当选为董事长，巧取豪夺的两行代理人汉奸殷同为该厂总经理，马伯声联合众股东，据理力争，这才最终保住了经理职务。

"七七事变"后，马伯声主张迁厂西安，而殷同极力反对，8 月，玉符河决口，北商埠被淹，迁厂之事搁浅。9 月 15 日，洪水渐退，日本侵略军已经逼近黄河北岸。10 月下旬，马伯声携眷绕青赴津避居，被日本宪兵队逮捕，后经天津东亚毛纺织厂经理宋裴卿保释。11 月 16 日，仁丰纱厂停产，遣散工人。1938 年 1 月 24 日，日军接管仁丰纱厂。马伯声避居

仁丰纱厂蒸汽房式浆纱机

天津时，曾于1938年12月30日被日本人胁迫来济南参加股东会议，并在经四纬六路设立仁丰纱厂办事处，处理遗留问题。

1945年8月，日本人投降以后，国民党山东省党政接收委员会和山东省敌伪产业处理局先后接收仁丰纱厂。同年10月4日，马伯声被山东省政府主席何思源指定为仁丰纱厂监理人，接收仁丰纱厂。1946年2月19日，山东省政府又改委任马伯声为仁丰纱厂经理。1947年7月15日，山东省政府敌伪产业处理局将仁丰纱厂发还原业主。7月29日，仁丰纱厂董事长崔景三呈递领状，处理局发给民营执照，马伯声担任该厂总经理。

马伯声的声望和能力得到了国民党地方当局的赏识，对他多加拉拢。1946年，马伯声担任济南市商会整理委员会常务委员；1947年1月，马伯声任济南市商会理事长；同年3月，济南市商会物价评议委员会成立，马伯声任主任委员；同年7月，济南市警察福利事业辅导委员会成立，马伯声为主任委员。第二绥靖区司令长官兼山东省政府主席王耀武，还加委任马伯声为第二绥靖区司令部少将高参和山东省政府顾问的虚衔。1947年9月16日，马被济南市商会常务理事会推选为工商界团体参加国大代表选举的候选人，在竞选中当选为候补国大代表。解放战争后期，马伯声去了香港。1949年11月回到天津，12月1日返回济南。1952年，在"三反""五反"运动中，马伯声因被怀疑侵吞日伪资产被人民法院拘留审查。1957年8月9日，山东省高级人民法院对仁丰纱厂公、私股权及隐匿敌产一案作出终审判决，清理后的仁丰纱厂公私股权分别为公股51388股，私股8027

股，公股占总股权的 86.5%，私股占 13.5%。马伯声晚年定居天津，以定息维持生活，1966 年春病故，葬于天津市郊赵家庄。

如今，马伯声经营过的济南英美烟草公司已成往事，但它的旧址却仍能找到。旧址位于商埠经四路 285 号，是一座意大利文艺复兴风格的建筑，落成于 1919 年。建筑主体两层，另有阁楼一层，外立面为红色砖墙面，水泥砂浆抹面，一层窗上刻石制直线窗楣，二层窗上做扁三角形山花。孟莎式屋顶，开圆洞形老虎窗。建筑平面呈"凹"形，中部入口处有台阶，外立欧式石柱，二层的阳台按照一层石柱布局分出层次。进门迎面是大楼梯，旁边的旋转楼梯可上三层阁楼。如今，这座精美的建筑风采依旧，被列为山东省第四批文物保护单位。

位于经四路的济南英美烟草公司旧址

# 朱敬舆与致敬洋灰公司

命途多舛，山东首家生产水泥的民族企业

19世纪后半叶，中国建筑业才开始使用水泥，当时所用水泥系从国外进口，人们自然而然以"洋灰"来称呼它。进入20世纪后，广东土敏土厂继澳门青洲英坭厂和唐山细绵土厂之后，于1907年采用立窑建厂。1917年德国人在山东青岛沧口创办立窑水泥厂，是为山东生产水泥之端始。时隔4年后的1921年，一位名叫朱敬舆的寿光籍盐商投资18万银元筹办立窑水泥厂，在济南发起成立致敬洋灰股份有限公司，是山东境内首家生产水泥的民族企业。

朱敬舆（1874—1947），原名东洲，字效坤，寿光大家洼镇石桥人。朱敬舆幼年读过几年私塾。父亲曾任寿光盐务官吏，颇富资财，曾为他捐领盐运使职衔，作为日后经营商业的护身符。清末民初，朱敬舆已拥有众多商业资产，他在羊角沟开盐滩、绳席行、粮行，在侯镇设土布庄，在济南开粮行，并在泺口设分号，另外在济南经二纬六路还有大片房产。

有了一定的资本积累后，朱敬舆决定弃商就工。民国成立后的十年间，是国内立窑水泥厂的始创期，也是中国水泥工业的第一个发展高潮。山东当时除青岛外，其他城市尚无水泥厂。朱敬舆计划在济南兴办水泥厂，而他的家人和亲友都极力反对，认为他搞工业是外行，风险太大，但他坚持自己兴办实业的初衷。为了选择适当的厂址，他用了一两年的时间，在胶济铁路沿线和济南近郊进行勘察，最后确定在济南五里牌坊南小梁庄设厂。这里远离市区，遍地义地坟墓，但石材原料丰富，可以就地取材，有发展前途。

1920 年，朱敬舆开始募股成立济南致敬洋灰股份有限公司。原计划募集资金 60 万元，但一时难以募足资金，朱敬舆遂将在羊角沟的盐滩产业卖掉，结果只凑得 18.1 万元，其中他自己占 10 万元以上。1921 年，朱敬舆向北京政府领取开采执照，开始修建厂房。1923 年 4 月 15 日发行的一张济南致敬洋灰股份有限公司股票显示，每股为银元 100 元，公司总理为朱敬舆，协理空缺，董事有金砚农、郭植瀛、薛荫堂、孙润生、田质卿五人，监察为朱子芹、李鲁卿。

济南市梁家庄西侧原有西山和刘长山两座小山，它们南侧是郎茂山，东侧是六里山、马鞍山和四里山，而西山石质较好，适合烧制水泥。最初，致敬洋灰厂并不在刘长山，而是在刘长山北侧的西山（现在阳光 100 的位置）。朱敬舆在此建成直筒立窑一座，开始试制水泥。致敬洋灰厂聘请德人石法为技师，购进德国设备筹备生产。但石法只是一个滥竽充数的混子，并不是真正的技师，结果搞了六年没生产出产品。后来公司又聘用德人希伯莱给石法当助手，这时公司资金已将耗尽，处境十分困难。但朱敬舆并未灰心，1929 年又与唐少侯签订合资经营合同，由唐少侯投资 6.5 万元，继续试产水泥。

然而由于技术限制，朱敬舆在十年间多次探索，但始终未烧制出合格的水泥，至 1931 年，资金周转陷入困境。此时，朱敬舆不得不向同益公厚记盐局的掌柜刘伯衡求援，以场地设备作价入股，另由刘氏投入资金入主致敬洋灰厂。致敬洋灰厂从创办之初就和刘家有着很深的渊源，朱敬舆和刘伯衡同为盐商，在寿光羊角沟都置有盐田，生意上也多有来往。刘家世居济南城南梁家庄，而致敬洋灰厂就在梁家庄西侧，两家来往更为密切，子侄辈不少都是同窗。

1931 年农历七月，朱敬舆从唐山启新洋灰公司聘来刘天声、朱舜琴、赵明山三位技师，他们来厂后建一座小窑做煅烧试验，只用半月的时间就烧出了合格的熟料，但因资金断绝，未能投入生产。1932 年，工厂始能正式批量生产出水泥。经过 12 年的艰辛和奋斗，朱敬舆终于取得了成功。工厂投入连续生产，生产出第一批"车头"牌硅酸盐水泥。水泥厂投产后，使用本地石灰石，从河南调入石膏，规模化生产以供地方之需求。但因设备技术老化，原料质量差，导致生产成本偏高，每桶生产成本 8.4 元，虽然价格上比启新厂生产的水泥（一桶 8.6 元）便宜，但品质却相去甚远。因此，产品市场不断受到启新的压力，经营效益欠佳，产量大幅减少。

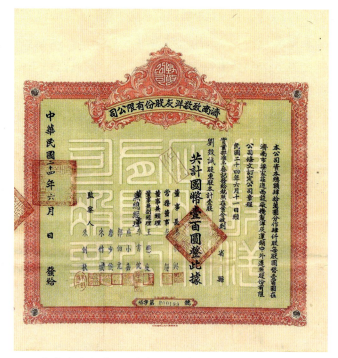

1935 年济南致敬洋灰股份有限公司股票

1935 年 1 月，朱敬舆与刘伯衡签订合营合同，确定发行股票 40 万元（每股 1000 元）。重新招募新股后，致敬洋灰厂增加了生产设备，还请来天津人华墨林和田恩荣，一个负责工厂机器运转，一个负责搞产品化验。致敬洋灰厂的产品质量有了大幅提升，日产普通硅酸盐水泥 250 桶（每桶 170.5 公斤），产品在当时国内市场上享有盛誉，曾获山东省建设厅水泥质量奖状。

1936 年初，公司通过天津李和洋行，从德国克鲁伯公司引进一套机械立窑设备。同年 8 月，完成了引进立窑设备的安装，日产量由 8.5 吨增加到 25.5 吨，年产能力 1 万吨，实际产量 5000 吨，当年工厂净利润 3.8 万元。此后，致敬洋灰厂的产品行销全国，利润滚滚而来，刘家每个人都拥有洋灰厂的股票。

1937 年 7 月，"卢沟桥事变"爆发，刘伯衡也因积劳成疾去世，年仅 45 岁。刘伯衡逝世后，致敬洋灰厂由副经理王懋庭打理。但此时抗日战争已经爆发，山东局势也是岌岌可危，致敬洋灰厂很多技术人员抱着一腔报国热忱奔向大后方。1937年底，济南沦陷敌手，济南致敬洋灰股份有限公司随即被日军实行"军管理"，交由磐城株式会社经营，易名为军管理济南致敬洋灰股份有限公司。据1940年《济南市观光指南》一书记载："致敬洋灰公司，在纬九路南，民国十年创办。事变前国人经营，事变后归军管理，工场委任日本磐城洋灰株式会社经营，资本金40万元，工场面积52亩，工场建坪4000平方米……市内及炭坑方面从业员共104名，现制品商标为车头牌。"

当时，除青岛和济南的两个立窑厂外，1940年日本人在大同的口泉镇建成一家立窑水泥厂，采用德国制造机械装卸料的钢筒体立窑，年产水泥3万吨。这种机械化装料和卸料的钢筒体立窑，就是由致敬洋灰公司移转到口泉水泥厂的。致敬水泥厂的德制机立窑移出后，工厂只能用留下的小立窑生产少量的水泥。1942年，致敬洋灰厂改为中日合营，但主要管理、经营权仍在日本人手中。

1945年抗日战争胜利后，致敬洋灰股份有限公司先由国民党山东党政接收委员会接管，后移交给敌伪产业处理局监管。1947年，国民党军队强占该厂，此时厂房、设备等均遭破坏，生产被迫中断。这一年，朱敬舆因病去世。

1948年9月济南解放后，华东财经办事处工矿部接管了致敬洋灰股份有限公司，委派张展等人驻厂负责，同年12月全面恢复生产。1949年，水泥产量仅为1524吨，产值13.15万元。同时，该厂由私营改为公私合营，厂名改为山东省人民政府工矿部济南工业局洋灰厂，产品商标也由"车头"牌改为"红星"牌。1952年将私人股份折价归还，工厂改为国营，更名为"山东水泥厂"，有职工393人，水泥产量增加到1.08万吨，是1949年的7.1倍。后来厂名几经变更，直到1958年定名为济南水泥厂。而厂区所在的道路，也就被命名为水泥厂路。之后，济南水泥厂一直在济南的建材工业中占有重要的地位。

1998年9月3日，济南市政府决定，济南水泥厂、东方红水泥厂分别于 1998 年底前和 1999 年 9 月底停止燃料生产和矿山开采，并于 2000 年上半年搬出市区。原水泥厂所在地区随后则变成了环境幽雅的阳光 100 现代居民小区。

济南水泥厂（摄于 20 世纪 90 年代）

# 乐汝成与泰康罐头食品公司

从食物店发展成食品加工企业，从济南发展到了上海

闻名全国的泰康罐头食品公司是由两个青岛人在济南商埠投资兴办的，原名泰康号，最初位于经二路北侧纬三路西侧，后迁经二纬四路，济南人习惯称它为泰康食品店。短短 20 年间，先后在青岛、上海等地设立 10 家分公司。

1914 年 6 月 15 日至 7 月 15 日，为期一个月的山东省第一次物品展览会在济南举办。展览会盛况空前，"各县亦以为山东未有之盛举，故出品极为踊跃"。"出品陈列者计达累万。全省物品，征集周全。其规模之宏巨，影响之深广，均可谓前所未有。"天津的《京津时报》评论："各县呈送物品有数千种之多，无美不收，可见山东工业暗中之进步。种类繁多，实难细数……俾参观之人，诧为见所未见。"在参观者中，有两位结伴而来的青岛商人，华德泰日用百货商店的资东徐咏春和万康南北杂货糕点店的资东庄宝康。他们来济南参观展览会，一是为了开阔视野，二是为了借机寻找新的市场。

徐咏春、庄宝康在济南逛了几天，尤其对济南商埠的经济环境有一定了解之后，觉得济南新开商埠，工商业有发展前途，认为在济南经营食品糕点有利可图。济南当时的糕点工业还不发达，当时稍有规模的商店在城内有蕊香村、桂香村等六七户，商埠仅有泰和祥一家，资金、设备、经营范围极其有限。两人商定各出资金 2500 元，在济南商埠设店，经营南北杂货和糕点。字号名称取华德泰的"泰"字和万康的"康"字，定名为"泰康号"。万康派乐汝成任经理，华德泰派一人担任会计。乐汝成（1891－1961），宁波人，曾在上海达生堂学徒，后在青岛万康做店员。

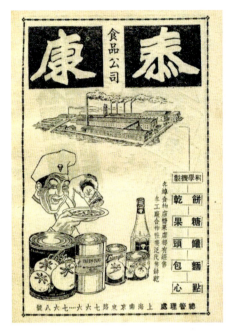
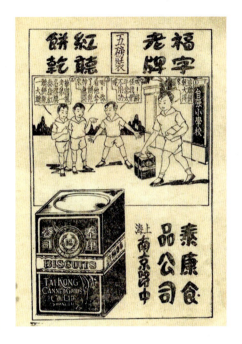

泰康食品公司的广告

他在万康时工作很负责，并且能钻研业务，因而取得万康资东的赏识，被派来创办泰康号。

1914年6月，泰康公司的前身泰康号正式开业。泰康号修饰门面、购置家具都非常讲究，当时一般商店多为木板棉布门帘，而泰康则是弹簧玻璃拉门，柜台、架口也比较讲究。当时有职工店员14人，其中经理1人，会计1人，糕点糖果工人4人，营业及勤杂8人，以经营南北海味杂货如海参、鱼翅、板鸭、火腿等为主，糕点食品则为次。起初经营的饼干是由上海进货，以后自己生产，也是手工操作，产量质量并不高。

乐汝成每日早起亲自到市场上购买各种原料，了解同业的业务及市场情况，改进自己的经营，空闲时就站柜台招待顾客。泰康号营业之初，流动资金周转困难。乐汝成一方面借助于钱庄贷款，一方面利用关系向外进行赊销，利用青岛一部分商人在泰康寄存的货物来充实自己的经营。

在经营上，乐汝成有自己的一套办法。他命人调查本市官、商、富户的住址，逐户登门拜访，宣传泰康业务并送上赊购折子，顾客可凭折取货，不付现款，到年节结算。顾客来泰康购货时给予折让，以及馈赠各种糕点样品，请顾客品尝。乐汝成对产品包装进行了改良，不使用本色木盒，改用彩色图案盒子，力求美观。

泰康号的工厂最初位于纬四路望平街，所出产的罐头、糕点等食品，原材料选择讲究，花色品种式样不断改进。在当时，蕊香村第一个使用土法制造水果罐头，乐汝成看到有利可图，也就进行仿制。后来，由于泰康在生产操作过程上做了一些改进，质量大为提高，销路激增，超过蕊香村，并且由门市零售开始做本市及农村零星批发，业务迅速发展。

1918年，全国各地爆发了反对日本帝国主义、抵制日货的运动，在济南市工人罢工、学生罢课、商人罢市的影响和带动下，泰康号曾拿出一部分饼干、汽水慰问过示威的群众。欧战结束后，日本帝国主义分子纠集日侨万余人准备在济南开提灯庆祝会，乐汝成和其他爱国商民一道劝阻行人不看日本人游行。就在日本人开提灯庆祝会的当晚8点钟左右，泰康号

民国时期的泰康号

便被日本帝国主义分子用木棍、砖石等将门窗玻璃全部砸碎。这一事件曾轰动一时，全国几家主要报纸如上海《申报》《大公报》等都在头版予以报道。泰康号被砸事件过后，顾客日增，门庭若市，经营业务更加发展起来。

1919 年，泰康号在济南院西大街开设了支店（后改为第二发行所）。1920 年，泰康号改组为无限责任公司，乐汝成任总经理。

民国时期的泰康公司

公司登记资本额为 10000 元，分作 20 股，华德泰占有 9 股即 4500 元，万康占有 9 股即 4500 元，乐汝成占有 2 股 1000 元。关于公司利润的分配，在章程中规定：营利作 32 股，股东得 20 股，伙友得 6 股，经理得 4 股，公积金得 2 股。

泰康改组无限公司后，流动资金更显不足，除了向银行借款、吸收社会游资外，乐汝成还想出了用发行礼券的办法来增加企业资金的周转。当时馈赠送礼的风气很盛，泰康为了适应这种特点，首创"礼券"，这不仅便利了一般馈送，而且也大大便利了贿赂授受者双方。泰康礼券既不要付出利息，更不受贷款期限的胁迫。发行"礼券"的数额，经常保持数千元

泰康公司不同时期发行的"礼券"

到数万元，发行总额有时竟高达 5 万余元，泰康的资本力量大为提高。

为了扩大经营，乐汝成将人寿堂药店的房子顶了过来，扩建了工厂，又从上海聘来了技师，修造了饼干炉灶，开始制造饼干，至此饼干一项便不再从上海进货。同时罐头生产也采用了机器，肉类、鸡、鸭罐头的生产也大量增加，销路逐步推广至胶济、津浦铁路沿线，东到青岛，南至徐州，每年营业额已达到 10 余万元，职工人数增加到近 70 人，并经常雇用临时工一二十人。1922 年，泰康公司在普利门里开设了第三发行所。

在经营顺风顺水之时，泰康公司内部却发生了分裂。因为乐汝成独断专行，造成分配不公，高级店员张锡璋、史梅棠等人颇有意见，遂在外筹

济南泰康公司营业楼旧址

措资金，离开泰康另起炉灶。1920 年，史梅棠等人在离泰康不远的经二纬四路开设了上海食物店，由原来泰康的会计张锡璋担任经理，史梅棠担任副经理。上海食物店的经营形式、进货渠道则完全复制泰康的模式，开业之初就打出了降价牌，吸引了一大批的顾客。

乐汝成想趁上海食物店根基不牢、实力不强之际挤走它，以期在商埠地区一直一家独大，而张锡璋、史梅棠对于来自乐汝成的打压并不示弱。上海食物店首先推出对店员销售提成的奖励办法，按销售收入的千分之三提取奖金，调动每个人的销售积极性。乐汝成知道后将自己的奖励比例立马提高到了千分之五。上海食物店马上跟进到千分之五，你来我往地比着干增加了企业的经营成本，造成双方利润的摊薄。但由于泰康公司基础较深，上海食物店觉得单凭减价、馈赠、提奖等办法不能战胜泰康，必须出奇制胜。1929 年，上海食物店暗地派人去江西特制了一批印有"上海食物店敬赠"字样的各式茶具、瓷器随货赠送，大受顾客欢迎。这一招使泰康公司措手不及，在竞争之中略显逊色。乐汝成也如法炮制，不但在门市赠送，而且向较大的旅馆、货栈、工厂、商店赠送，让势单力薄的上海食物店难有还手之力。

此外，乐汝成还想通过高价购买上海食物店租赁房产的办法，釜底抽薪断对方的后路，迫使他们迁出二大马路。但由于上海食物店与房主在租赁契约合同上已经载明租期为十年，如房主出售房屋，上海食物店仍有权续租满期，乐汝成这一招并没有成功。

几年的明争暗斗，使两家公司都疲惫异常，无心将恶意竞争再继续下去。于是，上海食物店的张锡璋主动约乐汝成在大明湖进行商谈，在中人的撮合下，乐汝成和张锡璋共同签署了一份君子协议，商定即时起双方一起

泰康公司生产的金鸡饼干

取消所有的降价、馈赠活动，互相之间不挖职工。至此，两家公司的激烈竞争才告一段落，此后同处一条街几十年相安无事。

随着泰康公司经营的成功，乐汝成变得逐渐不受控制。徐咏春、庄宝康怕日后发生变故，于1924年将泰康无限公司改为股份有限公司，登记资金总额为银元5万元，并在济南、上海等地吸收了一些新股本。泰康公司也开始向外埠寻找新的市场。

1925年，泰康公司在沧口设立了分厂，制造水果和牛肉罐头。1926年，泰康公司又在青岛设立了第四分公司。同年，泰康公司在上海设立了"泰康食品公司上海办事处"，大量采购商品原料和推销济南、沧口等厂出产的产品。1927年，又在上海制造局路修建了"泰康公司上海分厂"，主要生产鱼类罐头，运销济南、青岛等地。同时，还在南京路设立了门市部。1929年，泰康食品公司由济南迁移至上海，同时再次招股增资，资本总额达到10万元。济南泰康食品公司则改为分公司，由总公司分配资金3万元。

1930年，泰康出资3万元从英国订购了全套的饼干生产设备，并聘请英国技师来泰康指导，同时新建厂房，增加职工100余人。1931年第一批福字牌饼干出厂后，质量很高，可与当时的舶来品媲美。淞沪之战结束后，泰康公司的产品已经开始销往新加坡、菲律宾、马来西亚及其他南洋群岛，

并接了大量军用食品加工的订单，产品供不应求。1932年，泰康罐头食品有限公司总公司新楼开业，从此在这里一干就是80多年，并成为上海滩的地标性企业。

总公司迁沪以后，济南泰康食品公司继续经营。当时，济南泰康经营

在招牌林立的上海，泰康有了一席之地

的各种食品达到1700余种，除了各种罐头、饼干、糕点、烟酒外，还经营许多进口商品，各类山珍海味、名贵干鲜果品也应有尽有。济南泰康还设立过冷食部，除了零售外，还兼办外送业务，每天营业额达到300元以上。

日军占领济南后，当晚即闯进泰康抢走许多罐头、饼干、烟、酒，次日泰康的门市、工厂、库房全都驻满了日军。济南泰康复业之后，批发业务完全停止，门市营业寥寥无几，罐头生产亦完全停止。经过数次治安强化运动、物资自肃自戒运动，济南泰康濒于破产境地。

与济南分公司截然不同的是，上海泰康总公司及各分公司、工厂因为均设在外国租界地，不仅没受到战乱损失，业务反而更加繁荣，而且还将老对手泰丰公司挤垮，购买了泰丰的全套机器设备，并在上海菜市路设立了第二制造分厂，继续扩大再生产。1943年，上海泰康总公司再度增资为50万元，职工总人数近千人，成了当时国内首屈一指的食品工业企业。

国民党统治时期，物价飞涨，加上地方政府横征暴敛以及军队的敲诈勒索，泰康公司生产经营举步维艰。济南解放前夕，乐汝成以囤积货物为由，指示济南泰康速将商品变价处理，将70%流动资金汇往上海总公司。

济南泰康的饼干生产线（摄于 1975 年）

1949 年 5 月，乐汝成将泰康公司贵重物品装了 1000 箱，和家眷一起逃往台湾。由于乐汝成抽空资金，济南泰康生产经营面临崩溃。

为了让济南泰康尽快摆脱困境，人民政府给予泰康很大帮助，积极协调银行为其提供借款，同时出面协调济南第一百货商店、大观园商场、人民商场、百货大楼等国营商店提供专柜销售，使泰康一下子拓宽了销售渠道。济南泰康的工会组织积极带领员工生产自救，出面和上海总部协商，由其增派资方代理人携带资金来泰康注资生产经营。1956 年，济南泰康公司积极响应国家号召公私合营，企业再次焕发生机，自产自销商品一下达到 330 种。

1967 年，济南泰康公司对原门市部营业楼拆除重建，重建后的营业楼分为 3 层。一楼经营泰康自产的各种风味糕点、食品、糖果，经营形式依然沿用"前店后厂"的经营方式。二楼是茶点部，除经营泰康刚出炉的各种糕点外，还经营冰糕、啤酒、小菜等。三楼则是经营南北糕点、食品的场所，全国各地特色食品在这里都能买到。

2000 年，济南泰康食品公司经市政府批准，由原来的三能集团整建

济南泰康食物店内景（摄于 1975 年）

制划归济南百货大观集团，并由济南第一百货股份有限公司管理。2016 年 1 月，济南第一百货股份有限公司划归济南市投资控股集团管理，"泰康"品牌也随之划归该集团。2018 年 9 月 19 日，沉寂了十年的济南泰康复业开张。

# 周文山与老茂生糖果庄

来自天津的"甜蜜"品牌在济南落地生根，遍销全省

在各种不同文化中，有一种相通的准则——人们习惯用"甜"这个字眼来形容幸福，对于"甜"的感知已从味蕾延伸到了内心深处。而糖，作为能带来甜味体验最直接的吃食，一直深受人们喜爱。糖果的历史可以追溯到西周，《诗经·大雅》中提到过"周原膴膴（wǔ wǔ），堇（jǐn）荼如饴"，这个"饴"字便代表了中国最早的软糖——饴糖；唐朝时期，甘蔗由印度传入中国，开始大面积种植……糖的历史也不断在演变、发展，被不同时代、不同地域出现的糖果庄实践着、继承着。济南老茂生糖果庄就在这个甜蜜的序列中。

济南老茂生糖果庄过去位于普利街，是天津老茂生的分号，全称为"济南福记老茂生糖果庄"。讲济南老茂生的历史，就要从天津老茂生谈起。20世纪初，河北省香河县钱旺村乡马房顶村一个20多岁的小伙子来到天津，在三岔河口卖起了糖葫芦，他就是老茂生的创始人周文山（1872—1960）。因为卖糖葫芦有季节性，一到夏季就无法销售，周文山利用这个空当儿学会

天津老茂生糖果庄

了制作糖块和冰糖的手艺，他做的冰糖晶莹透明、耐含缓化，深受欢迎。周文山又不断尝试改进制作糖块的用料配方，他先是在糖里加入桂花、薄荷等传统香料，后来又率先使用了从洋行购买来的橘子、香蕉等水果味香精，普通糖块儿成了五颜六色的什锦水果糖。这种水果糖的销路非常好，来趸货的游商小贩越来越多，周文山索性在天津东北角笓子街租了两间房，请了三个帮工，专门生产水果糖。周文山的生意越做越好，小作坊很快就成了一家前店后厂批零兼营的糖果庄，字号就叫"老茂生"。

老茂生发展迅速，后来又在天津侯家后脚行胡同修建了一幢四面二层圈楼，作为老茂生的外栈。当时，老茂生有制糖的师傅、徒弟、杂工80多人，另有包糖女工数十人，其规模可想而知。白手起家的周文山经常与熬糖师傅们一起改良制糖配方，创制糖果新品种，先后研制出芝麻糖、花生糖、麻酱糖、酥糖、软糖、酒心糖、栗子羹等糖果品种。老茂生的糖果，成了红极一时的名牌产品，享誉京津。在清代做过翰林院学士的王土序曾为老茂生糖果庄写过一副对联："晶瓶香滴黄金露，粉匾膏涂白玉霜"，上联写的是酒心糖，这种糖果是老茂生的绝活，曾行销海外；下联写的是高粱饴软糖，表面沾着霜粉，白净细腻有韧性，在华北市场十分畅销。

老茂生产品销路日广，经营规模不断扩大，开始在济南、沈阳、长春等地建立分号。1918年，天津老茂生糖果庄派田玉卿（一说是周文山的同乡薛宝生）到济南开设分号，地址选在普利街东首路北。普利街是济南当时商业最为繁华的地段之一，这给老茂生糖果庄的经营和发展创造了极好的条件。

作为外来的糖果商，老茂生糖果庄并没有受到地域的限制，而是依靠优质的产品迅速占领了济南市场，博得了济南人的喜爱。当时，济南老茂生糖果庄在魏家胡同建有面积约700平方米的厂房，生产车间位于西屋及地下室，包装车间位于北屋，东屋是原料库和车间办公室。有生产人员40余人，临到中秋节至春节的生产旺季加雇短工近百人，以女工为主。济南老茂生糖果庄保持了天津老茂生一贯的生产质量和产品花色，它生产出售的各种软硬糖，香、甜、酥、脆、软各具特色。在生产上，老茂生坚持精

民国时期的普利街

选好料、配料适当、严格操作、精心研制的原则，逐渐形成了"济南老茂生"自己的品牌，其产品在省内广受欢迎。

　　随着老茂生在济南发展壮大，它所生产的糖果品种也在不断丰富，酥糖如芝麻仁糖、核桃仁糖、松子仁糖等，硬糖块如琥珀果仁、青果糖、螺丝糖、橘片糖、薄荷糖、花心糖、玩具糖、黄瓜糖、栗子糖、苹果糖、山楂糖等，软糖有牛皮糖、高粱饴、山楂饴等，品种多样，色泽鲜艳，造型逼真，味美可口，享誉济南。老茂生的传统产品"琥珀果仁"，原料选用山东本地出产的大花生仁、核桃仁、芝麻仁，炒熟、脱皮，拌入熬制好的糖浆，倒在涂有芝麻油的木质模具里冷却，定型后切成小块。成品晶莹剔透，琥珀样的糖晶包裹着果仁，颇为精致，食之脆甜可口。老茂生生产的酥糖（济南俗称"小孩酥"）在山东鼎鼎有名，原料精选蔗糖、葡萄糖以及山东产的花生，配料精准，制作精细，食之香甜味浓、松酥可口，纵使大口咀嚼也不会粘牙，是深受儿童、老人喜爱的糖果品种。老茂生的硬糖，除了口味丰富外，还在外形上下大功夫，在外地高薪聘请技师传授硬糖的揉制成型技术，并自行研制了多种压制模具、轧辊。中秋节前后，济南老茂生还专门制售一种"兔子糖"，将蔗糖加水、香料炒制成返砂糖，倒入特制的兔形模子里，冷却脱模后再在局部涂上食品色，一个个憨态可掬的糖兔子比兔子泥人更为抢手。

福记老茂生非常重视糖果包装，每一块糖都用两层纸包装，硬糖外层用的是透明玻璃纸，里层用的不透明的彩纸，纸上印有"老茂生"商标以及水果图案。软糖里层要用江米纸包装，栗子羹要用饧纸，这种包装在当时已属讲究，时至今日仍不落伍。老茂生在普利街的店铺里有一大排玻璃做隔断柜台，一个个格子里放着五颜六色不同口味的糖果，犹如一个糖果世界。销售时，散装糖果过秤后用蜡纸包裹，外面放一张印有老茂生字号的色纸，再用纸绳扎紧。有需要送礼用的，则用一种狭长的纸盒盛装，纸盒上贴了花花绿绿的商标。除了店铺零售，福记老茂生还有专职的外销人员，或背着箱子，或挑着担子沿街叫卖，称之为"游商"。游商们背着一个分成许多小格的大木头盒子，每个格子里都有一种糖果，玻璃面的盖板干净漂亮，晚上还点着电石灯，走街串巷地吆喝销售。游商销售的大多是没有包装的糖块，也不称重，按糖块数量结账。但甭管买多少，都会给顾客一张小小的奖券，攒够多少张就可以去普利街的店铺领取糖果若干，吸引着人们去店铺消费。

及至20世纪30年代，济南福记老茂生糖果庄生意兴隆，产品遍销全省。但与此同时，福记老茂生内部管理层却产生了分歧。当时济南老茂生的股东田玉卿与经理梁积庵之间矛盾日深，到了不可调和的地步，田玉卿

老茂生福记糖果庄"精制桔子露糖"包装（左）及"玫瑰鲜杏"包装（右）

将济南老茂生账面资金全部抽走，让梁积庵独自经营。最终，梁积庵又拿出1000块银元，赎买了福记老茂生的股份。梁积庵接手后用心经营，因其管理有方，生意仍然红火。其后，济南福记老茂生糖果庄在济宁和周村又开设了福记老茂生分号，济宁分号的经理由张品一担任，周村分号的经理由杨子厚担任。福记老茂生还在济南开设了万年堂药店，由梁积庵直接经营管理。这是济南老茂生糖果庄最红火的时期。

济南市老茂生糖果厂生产的糖果包装

20世纪40年代中期以后，由于经济衰退，物价上涨，疏于管理，老茂生糖果庄的生意日渐萧条。至济南解放前夕，连维持生产的原料都难以采购齐全。1948年济南解放后，老茂生糖果庄很快恢复了生产。1956年公私合营后，济南福记老茂生糖果庄更名为"济南市老茂生糖果厂"，并对原有厂房进行了扩建和翻修，增建了新厂房，购置了糖果生产机械，增加了糖果生产的品种。到了20世纪60年代，老茂生糖果门市部被改名为"革新糖果门市部"，后来又改为"顺兴食物店"。从此，"老茂生"这个字号便在济南消失了，但济南人对老茂生的糖果却一直念念不忘。

# 苗星垣与德馨斋酱园

商业大亨开办的"小作坊"发展成为大产业

民国时期，商埠经三纬二路上有一家大名鼎鼎的德馨斋酱园，自产自销高粱麦曲酒、黄米水酒、酱油、食醋、甜酱、豆腐乳、臭豆腐、香油、麻汁、酱腌菜、各种小菜，约12个大类、百余个品种，年产销量达百万余斤。这些产品除在本市销售外，还销往德州、聊城、泰安、肥城和河南、河北部分地区，个别产品还销往国外，深受客商欢迎。时至今日，"德馨斋"品牌的酿造产品仍在供应市场，是全国首批"中华老字号"。

苗星垣（1891—1958）

德馨斋酱园的创始人是苗星垣、王冠东、张仲磐。苗星垣（1891—1958），名世德，字星垣，出生在山东桓台县索镇的一个农民家庭里，在家排行第二。苗星垣10岁读私塾，14岁辍学，以打短工为生。1910年经堂兄苗世厚介绍，到济南公聚祥粮栈当伙计。次年，转到利成粮栈当练习生。一年后升职员，专跑外勤。这期间，他受到索镇大地主、省参议员张鸿基的赏识，出面与索镇人王冠东经营泰华粮栈做粮食买卖。1915年，苗星垣被聘为泰华粮栈副理。由于他虚心好学，能吃苦，交了不少朋友，学了一些经商知识。1919年，泰华粮栈因股东私吞利润宣告分伙，苗星垣任协理4年共分得红利2000元。1920年春，他与王冠东、张仲磐一起经营同聚长粮栈，从此脱离张鸿基。由于他曾任济南各界评议会理事，参加创办《大民主报》，与山东督军田中玉有交往，被委任为山东赈务会车务处长，能够调车为己所用。所以，同聚长粮栈发展很快，仅两年间就获利数万元，跻身于济南各大粮栈的前列。1921年，苗星垣与堂兄苗杏村等合资筹备创办成丰面粉厂。翌年成丰面粉厂建成投产后，苗杏村任董事长兼总经理，苗星垣任董事兼经理，王冠东任监察人。成丰面粉厂日产等级面粉8.8万斤，当年便赢利7.5万元。随后他们陆续扩大规模，曾于1924年、1929年两次扩大资本，到1930年日产已达35万斤，拥有磨粉机25部，职工600余人，均居济南面粉同业之首。1933年5月，苗星垣又与苗杏村等人创建成通纱厂，苗杏村任董事长，苗星垣任常务董事，苗海南任经理兼总工程师。苗星垣是桓台苗氏家族的代表人物，进入老商埠兴办商业和工业后，逐渐形成苗氏民族资本集团。

1930年4月，苗星垣、王冠东、张仲磐三人共同投资3000银元创办德馨斋酱园，这对苗星垣来说，不过是小打小闹的小作坊。德馨斋系股份

苗星垣、王冠东等人兴办的成丰面粉厂旧址

制企业，苗星垣的岳父周学山任掌柜。创办伊始，前柜从业人员 6 人，后厂生产工人 4 人。以后十余年内，人员逐渐增多，规模进一步扩大。当时，德馨斋酱园的红利按"东六西四"的办法分配，即资东分六成，经理以下共分四成。在四成中，经理、先生和大伙计（高级店员）又占总数约七成，一般伙计、学徒占三成，学徒分得最少。年终除资东外，每人可分得一份"抛二钱"（包装费、小费等），这一部分比学徒一年分得的钱要高得多。另外，如经营好，年终时，从经理到学徒，资东都给予不同等级的馈赠。

然而，周学山从未做过酱菜生意，业务是外行，致使德馨斋连年亏损。其时，苗氏家族所创办的成丰面粉厂和成通纱厂均如日中天，苗星垣并不指望在德馨斋获取利润。苗星垣用其他企业的利润予以贴补，维持德馨斋酱园的正常营业。日军侵入济南以后，对成丰面粉厂和成通纱厂相继实行了"中日合办"，苗星垣召集被日军驱逐的成丰职员办起了成丰粮栈和尚志兴粮栈。后来又与王冠东等合办复聚长粮栈，捉襟见肘。在这种局面下，自然不能再任凭德馨斋继续亏损下去。苗星垣遂免除其岳父掌柜职务，另聘股东王冠东推荐的孙华锋为资方代理。

孙华锋早年在桓台学做生意，为人正派敬业，德馨斋酱园的资东把经营、财务、用人三权悉数交给孙华锋，并给予充分信任。孙华锋重视生产，上任伊始就聘请了两名老师头，一方面给其较高的待遇，一方面给其相应的权力。这两位师头尽力尽心钻研业务，规范产品配方和工艺，保证酱菜质量稳定，带领伙计、学徒按照严格的操作规程进行生产。孙华锋还让专人搜集当时比较出名的北厚记、兴顺福、宝源居、东元兴、西厚记等的生产工艺和样品，半月一次品评，掌柜、老师傅、账房、大伙计、学徒都分别参加品尝评论，发表看法，提出改进产品的意见。在生产上精打细算，降低成本，在销售价格上略低于别家。德馨斋的生产规模不断扩大，经营品种不断增多，创出了自己的经营特色和声誉。

孙华锋对于柜台销售采取了一套新的方式，如热情和气、介绍周详、价格公道、秤足提满、包装精致等，使生产和销售大有长进，取得了较大的盈利。以后，孙华锋又先后开除和解雇了几个违犯店规和经营能力低下的伙计。同时，经过严格考核招聘了几名骨干和十几名学徒，使人员素质发生了显著变化，经营情况有了很大的提高。随后，又进一步制定了严格的规章制度，比如凡新进店人员必须先到作坊当学徒，使其掌握生产技术，再从生产人员中挑选人才到前柜营业。这样，保证了营业人员既懂经营又懂生产。同时，又规定经理全面负责，伙计要听从师傅的指挥，伙计可以管学徒，师弟服从师兄的安排等。在诸项制度中，严格的考核和分配制度尤为突出。掌柜的按照既定的规矩随时掌握各类人员情况，根据市场情况的变化，不断对各类人员提出具体要求，并严格考核，再根据考核情况进行升降和奖罚。

孙华锋成为掌柜后，德馨斋得以枯木逢春，1942 年在经五纬十二路西购地 7.5 亩，盖了 28 间厂房和 10 间职工宿舍，增购了若干生产工具和一批生产用料，厂门前建起 100 多平方米玻璃窗商铺，厂院里半人多高的博山大腌缸就摆放了 750 个。1943 年，仅腌咸菜一项年产就达 100 多万斤，黄豆酱油 30 多万斤，食醋 10 万斤，麻汁香油 6 万多斤，成为赢利大户。德馨斋的生产规模迅速扩大，同时采取了颇具特色的生产工艺，创出了自己的品牌。

当时，德馨斋酿制高粱麦曲酒，每天投料 1300 斤，生产 700 斤酒。德馨斋酿造酱油，在夏季一次投料 2.92 万斤，自然晒酱，6、7、8 三个月成熟，可榨头淋、二淋、三淋酱油各 300 斤，每年产酱油 32 万斤。德馨斋的食醋生产分春秋两次投料，春投 60 缸，秋投 40 缸，共用高粱 1.2 万斤，麦曲 600 斤，产原缸醋 6 万斤，卖时掺兑清水。德馨斋的黄酒生产，主要原料是黄米、麦曲，每斤黄米产酒 2.5 斤至 3 斤，年产 6000 斤左右。德馨斋甜面酱的生产，每年夏季投料 3.6 万斤，年产甜酱 6.3 万斤，供门市销售与自制酱腌菜使用。德馨斋豆腐乳、臭豆腐每年春季一次生产，冬季销售，每年投料黄豆 1.05 万斤，产腐乳 6 万块、臭豆腐 8 万块。香油是德馨斋的重要产品，年产香油 2 万斤，麻汁 4.44 万斤。德馨斋酱腌菜分六大类，有酱包瓜、酱磨茄、酱苤蓝、酱莴苣、酱藕等 35 个品种。糖醋渍菜是德馨斋的又一名牌产品，主要有糖蒜、醋蒜、糖醋蒜薹、萝卜干、桂

酱园使用的传统博山大缸

花藕等 15 个品种。德馨斋的虾油渍菜，有虾油小菜、柿椒、黄瓜、莴苣条等 10 个品种。德馨斋出产的青腌菜有咸芥根、咸萝卜、咸韭花、咸芹菜、咸雪里蕻、咸春芽等 18 个品种。此外，还有五香大头菜、佛手疙瘩、八宝豆豉等十来个干菜品种，以及豆腐干、辣椒泥、豆瓣酱等约 10 个品种。德馨斋的产品选料精细，用料合理，色、形、味俱佳，产品远销北京、天津、徐州、武汉等大中城市，成为当时济南屈指可数的大酱园之一。

抗日战争胜利后，苗星垣收回成丰、成通两厂，任经理。但在国统区恶性通货膨胀的环境下，未能进行正常生产。1948 年 9 月济南解放前夕，成丰面粉厂被国民党军的铁甲车击毁，成通纱厂也濒于停产。济南解放时，成通、成丰董事会散伙，其他股东携款逃走。苗星垣、苗海南兄弟留在济南，在人民政府的支持下，恢复了成丰、成通两厂的生产。1954 年，苗星垣代表资方申请成丰、成通两厂实行公私合营，得到人民政府批准，苗星垣任公私合营济南成丰面粉厂经理。1955 年，苗星垣当选为济南市第一届人民代表大会代表。1956 年，任济南粮食工业公司副经理。1958 年病故。

近代，苗氏家族创办了不少颇具规模的工商企业，现在几乎都已消失在历史长河中，唯有德馨斋历经坎坷生存下来。1956 年，德馨斋酱园实行公私合营，成为地方国营企业。1968 年，更名为"济南红升酱菜厂"。1993 年被济南试金集团（原济南试验机厂）兼并，更名为"济南试金集团德馨斋酿造分公司"，恢复了"德馨斋"字号。2000 年，与原济南第二酿造厂合并，更名为"济南试金集团德馨斋酿造有限公司"。2003 年，德馨斋的国有股份被北京时代集团买断，更名为"济南德馨斋食品有限公司"。2006 年，在商务部公示的首批"中华老字号"中，德馨斋榜上有名。

# 徐眉生与五大牧场

五位教书匠养牛，建成了济南最大的消毒牛奶企业

　　早期的中国鲜奶市场，是为了满足在华西方人的需求才出现的，最开始都是如"雀巢""鹰唛"等外国牛奶品牌。开埠之初，济南的牛奶及奶制品都是为满足外侨的饮食习惯而销售的。在很长一段时间里，牛奶并非

民国时期的牛奶广告

五大牧场设在经三小纬六路西的乳品门市部外景

中国人食谱中的主角，受西方人饮食的影响，中国人开始习惯食用牛奶。

　　当时，中国本土牛奶行业极不发达，市场上贩卖新鲜牛奶的乳场不多。至20世纪20年代中期，受实业救国精神的影响，许多留洋学成归来以及国内的有志之士掀起了自办乳场及乳品公司的一轮高潮。最为常见的，是兴建牧场圈养奶牛，设厂生产消毒牛奶。所谓"消毒牛奶"，是采用巴氏杀菌法加工灌装的牛奶。巴氏消毒法由法国科学家巴斯德（Louis Pasteur）发明，将牛奶在62℃～65℃的温度中加热30分钟，生奶中的细菌被杀灭，而牛奶本身的口感和品质不会变化。这一消毒方法只需消毒机即可完成，原理简单，操作较方便。至20世纪30年代初期，随着牛乳行业的发展与市场需求的持续增长，新鲜牛奶及牛奶制品的价格逐渐下降，不再仅仅出现在高档的百货商店和药店，而是向普通的食品店及南货店拓展。

　　此时，徐眉生等五位教师先后来到济南，集资开办了一家名为"五大"

的牧场，生产瓶装消毒牛奶，并在商埠经三小纬六路西开设了乳品门市部。

五大牧场的旧址在南圩子外，也就是今日文化西路东端路南。1934年出版的《济南大观》是这样记载的："五大牧场在中山圩门外，电话五五四。新建房舍规模较大，设备完善。经理武竹轩系南京金陵大学毕业。内畜纯种瑞士乳羊170余只、纯种荷兰乳牛10余头，至饲养、取乳均能注意消毒，甚重卫生，并聘有专门兽医担任注射防疫检查，牛、羊及其乳汁等项工作方面颇称发达。该场除牛、羊乳外，还出售德国纯种狼犬。该场为扩充营业起见，牛、羊奶较他场为廉，牛乳每瓶八分，羊乳每瓶一角。"

五大牧场创办于1932年，创办人是徐眉生、高霁轩、菅华三、武芳林、曹子固。徐眉生（1901—1992），原名徐元良，字眉生，山东省沂水县后晏家铺村人。1919年考入北京师范高等学校生物系，1923年毕业于北京高等师范学校，先后在吉林长春市省立第二师范、天津南开中学任教员，1928年后在山东临沂任省立第五中学校长、山东省教育厅督学，他来济南是到省教育厅任督学。高霁轩是日照人，毕业于北京师大体育系，他来济南是到

徐眉生（1901—1992）

省体育场任教练。曹子固，原名曹树坚，字子固，昌邑北孟镇曹戈庄人。1920年，北京高等师范学校第七届史地部毕业。1922年夏，在山东省立第一师范当教员。1923年10月至1929年5月，任山东省立女子师范学校第六任校长。此后，在省立临沂第五中学任教。1931年，曹子固来到济南任中学教员。与曹子固一同来济任教的，是毕业于南京大学工程系的菅华三（阳信人），以及毕业于金陵大学英文系的武芳林（沂水人）。他们五人，都曾在山东省立五中（校址在临沂）任教过，彼此非常熟络。五位出资人都毕业于名牌大学，所以就定名为"五大"牧场。

五大牧场在创办之初资金较为匮乏，五人凑了750元作为开办经费，

租赁了废弃的白衣庵做场址，饲养了 40 头奶山羊。因为武芳林曾经有过饲养山羊的经历，所以便由他出任经理。牧场开宗明义，声明筹办宗旨就是："发展畜牧事业，供给新鲜乳品，保证婴儿需要，促进市民健康。"

1933 年，五大牧场在南圩子外购置了 8.5 亩土地，修建起了场房。为了解决创办资金不足的问题，徐眉生等五人将每月的工资收入，除留下生活费之外，其余都投入股本中。1935 年，以五大股为基础核定资金，每股为 4500 元，共计 22500 元。同时，他们还对外募股，采取活期或定期储蓄形式，吸引了投资 5 万多元，解决了资金不足问题，生产得以扩大。

五大牧场成立之初，主要是产销瓶装的羊奶，由员工背着褡子送到用户家中。羊奶最初是用汽水瓶灌装，分为整瓶与半瓶两种规格，整瓶售价一角，半瓶售价五分。后来，汽水瓶换成了从上海购入的美制玻璃奶瓶，大瓶容量十英两，小瓶容量四英两。五大牧场的奶羊选用的是瑞士品种，为了避免近亲繁殖，牧场为羊籍建立了卡片系谱，并实行选种交配。同时，在饲养管理、品种改良、疾病防治等方面，也制定有一些行之有效的管理制度。为了吸收先进经验，他们还订阅了多种国内外有关畜牧业的报刊，并且加入了美国哥伦比亚养羊学会。

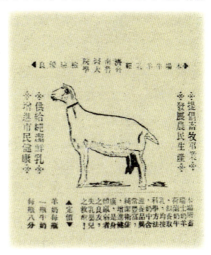

五大牧场羊奶广告

通过两年多的经营，投资者们发现奶羊适合家庭饲养，不适宜办牧场，于是改变了经营方向，饲养奶牛，销售牛奶。1935 年春，他们将饲养的奶羊全部转让给南京牧场，开始着手筹办饲养奶牛事宜。经理武芳林为此专程到青岛，从日本人开办的牧场中买回了产奶量较高、价格较优惠的奶牛。与此同时，他们还按照美国人设计的标准修建了牛舍。牛舍坐北面南，光线十分充足，舍内还安装有较好的通风设备和自动饮水器。牧场用水是企业自行挖掘出的地下水，并为此修建了水塔，敷设了管网。

五大牧场

为了提高效益，五大牧场十分注重优选奶牛，日产奶20公斤以上的留下，不足的则卖掉。为了选优繁殖，他们还从青岛购进一头荷兰纯种公牛，取名"北洋号"；从日本皇家牧场购进一头公犊，取名"东洋号"。牧场还严禁奶牛对外交配，所产公犊大部宰杀，并将母牛每年怀胎改为三年两胎，保证了母牛的体魄健壮，既能多产奶，又能繁殖优良后代。牧场还规定，买卖奶牛要由经理批准，牛籍簿也由经理亲自掌管。五大牧场饲养奶牛每日喂三次，分别喂精饲料和粗饲料，早上、下午先喂草后喂料，晚上先喂料后喂草。精料主要是麸皮、豆饼、玉米粉等，喂时再掺加食盐、骨粉等。

为了保证产品质量，当年的五大牧场对消毒要求非常严格，奶桶、奶瓶要用蒸汽消毒，牛奶须经过滤后倒入双层消毒锅内加温，用自动记录仪将温度控制在62℃～65℃，加温半小时后再经冷排冷却后自动装瓶。凡是要销售的奶品，当班经理都要亲自品尝，如有异味禁绝出售。为了取信于客户，他们的奶瓶盖封上还印有"五大"商标及出场日期。由于卫生设施较好，且符合当时有关乳品卫生的规定，五大牧场曾经在华北地区的评比中获得头名。

五大牧场的员工平时无

民国时期的奶牛饲喂

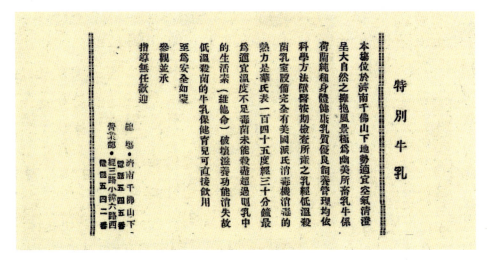

特别牛乳

本场位於济南千佛山下地势适宜空气清澄
呈大自然之拥抱凰景极为幽美所畜乳牛保
荷兰纯种身体健康乳質優良饲养管理均依
科学方法欧腎按期检查所産之乳经低温殺
菌乳室設備完全有美國派氏消毒機消毒的
熱力是摄氏表一百四十五度经三十分鐘最
為適宜温度不足毒菌未能殺盡超過則乳中
的生活索（維他命）破壞滋養功能消失故
低温殺菌的牛乳保健育兒可直接飲用
至為安全如蒙
參觀並承
指導無任歡迎

總　場・济南千佛山下・
電話五四五番
营業部・经三路小纬六路西
電話五四二番

五大牧场广告

假期，每天工作要在 10 小时以上。在场期间，职工食宿由牧场负责解决，工资则是根据工作能力由经理决定。除了工资之外，牧场还实行严格的奖罚制度，损坏东西要照价赔偿，奶瓶短少要照价赔钱，赔偿款每月结算，年终分红时再予以扣除。

为了方便顾客，五大牧场送奶到户，且送奶时间可以根据用户要求进行安排。如有临时用户，接到电话预订后，保证按时送到。用户的奶款每日记账，按月结算。为了树立企业形象，牧场对送奶员的要求更为严格：身体健康，忠实可靠，衣着整洁，谦虚有礼，不准吸烟，不得酗酒，而且还得能讲述有关牛奶的常识，如牛奶的用法及变质过程等。

由于管理得当，取信于民，五大牧场在最初几年呈现出较好的发展态势，1935 年日产牛奶就达到了 400 公斤，到 1937 年全面抗战爆发前，奶牛存栏量达 50 余头，日产牛奶 600 公斤。1943 年，他们接管了因管理不善倒闭的济南同利牧场，以半价收购了同行业十几家小牧场每天剩余的牛奶，并在经三小纬六路西开设了乳品门市部，在院西大街开办了西餐馆，在纬十路租用了冷藏库房等，从而使得产销规模得以迅速膨胀，奶牛存栏量最高时达到 200 余头，日销牛奶达到 2000 公斤以上。

由于战事影响，五大牧场的经营逐年下滑，跌入了惨淡经营的境况。济南解放之后，五大牧场的经销逐渐恢复。1955 年 9 月，资方请求公私合营，获准后被并入济南畜牧公司。合营时股金核定为

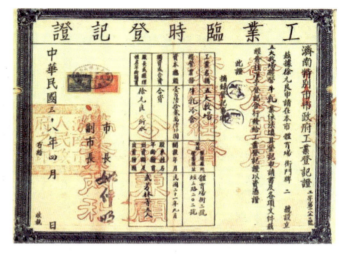

1949 年济南特别市开具的工业临时登记证

19 万元，股东 18 人，职工 60 人，日销牛奶 2500 公斤。其后，逐渐发展形成了三个牧场和两个牛奶加工厂，即济南乳品厂和牛奶食品厂。随着国家经济政策和企业自身的发展变化，济南畜牧公司先是改名为济南乳品公司，而后又改名为济南牧工商公司、济南农工商公司，1999 年 4 月更名为济南佳宝乳业有限公司。

五大牧场的创办人徐眉生，在抗日战争爆发后，于 1938 年 1 月参加鲁南第二游击队和台儿庄战地工作队工作，后任国民党湖南荣军招待总队长、广西桂林三三农场场长兼广西大学讲师等职。1948 年在中国共产党地下组织的帮助下，经青岛进入解放区参加了革命工作。济南解放后，历任山东省自然科学教育研究所所长、山东省科学普及协会副主席、山东省自然博物馆馆长、山东省博物馆馆长、山东省文化局副局长、省政协副主席等职。徐眉生是一位德高望重、代表性较强的爱国民主人士，为发展山东省教育事业和自然科学普及工作做出了贡献。他晚年积极宣传贯彻党的统战方针、政策，为巩固和发展爱国统一战线做了大量工作。

# 昝文林与永盛东帽庄

济南旧时俗语："戴帽就上永盛东，穿鞋快去到普华。"

清末，从济南兴起一句摩登语叫"头戴一品冠，衣穿大有缎，脚踏大成永，手拿有容扇，喝的春和祥，吃的仁寿堂"。这是那时候有钱人"摆谱"的吃穿方式，指的是济南顶有名的六家老字号。后来到了民国，这段流行语竟被两家名不见经传的小字号给颠覆了，这就是"戴帽就上永盛东，穿鞋快去到普华"的"永盛东帽庄"和"普华鞋店"。两家店铺，一家在普利门，一家在估衣市街。

永盛东帽庄的前身是田兴源帽庄，始创于1930年，创始人名叫田兴源，前店后厂，院子有300多平方米，秋冬季主营各式帽子和帽料，春夏季兼营扇子、雨伞、草帽、油布、凉席、檀香、万金油等夏天用品。全年盈利主要靠秋冬季帽子的生产经营，春夏季兼营的扇子、雨伞等主要是保费用。货从浙江杭州、绍兴和江苏南京等地购进，以批发为主，兼营零售，每年均有盈利。创办之初，老板田兴源干劲颇足，不仅领着伙计加工各式帽子，而且每年春节后就去南方采购夏季商品，保证货源充足，花色品种齐全。1935年春天，后来永盛东帽庄的创始人昝文林，经保人介绍来田兴源帽庄当学徒。

昝文林，德州禹城县二十里铺昝家坊子人，1920年生人，15岁到田兴源帽庄干学徒，先是在后厂学习制帽、下料、帮衬，手工缝制，后到前店干营业员。昝文林为人厚道肯干，爱学习，粗通文墨，不长时间就掌握了全部制帽生产工艺。昝文林到前柜不久便掌握了出货理账打算盘，1938年三年学徒期满正式出徒，开始独当一面。这期间掌柜田兴源因帽庄生意好，挣了些钱，便忘乎所以，与几个酒肉朋友天天黏在一起，整天吃喝玩乐，不久田兴源帽庄便走上了下坡路。

昝文林干前柜营业员期间，结识了在普利街经营永泰荣帽庄的少东家唐熙沧，唐小昝一岁，是浙江绍兴人，1938年来济南，接替父亲经营永泰荣帽庄。唐熙沧来济南人生地不熟，语言也不通，认识昝文林后，昝文林帮他联系各方面业务，给他帮了不少忙，因此两位小青年成为莫逆之交。

1938年昝文林接受唐熙沧的邀请，辞柜来到永泰荣帽庄做副经理，帮助唐熙沧打点业务。1940年，田兴源帽庄因债台高筑、经营不善而倒闭，田兴源四处打听买主出让。昝文林清楚田兴源帽庄倒闭的原因，便抓住机会邀请唐熙沧、崔洪昌、郁府五集资把该号接收过来。接收后按各自约定投入资本纳股，即唐熙沧三股，崔洪昌三股，郁府五两股，昝文林两股，共计十股，并协商签订入股协议，约定年终盈利四六分成，就是股东分红六成，店员分红四成，由经理根据每人贡献大小加以分配。昝文林全权接任帽庄经理，另聘老店员刘天民任副经理，胡子宽任会计，前店雇营业员6人，后厂雇工人6人，创业之初共计15人，多是原帽庄老人。

昝文林接手帽庄后，利用原地址理顺客、货进销渠道，重整旗鼓另开张，把原帽庄名字改为"永盛东帽庄"，与普利街永泰荣帽庄相对。昝文林20岁就任永盛东帽庄股东兼第一任掌柜，后来家住芙蓉街108号，他利用自己熟悉帽庄业务、了解市场行情的优势，千方百计搞好经营，帽庄本来就多是自己熟悉的老人。昝文林脾气好，人厚道，当了掌柜也是同工人干在一起，大锅饭吃在一起。大家团结一心，和气生财，各司其职，各尽其力，这些有利的条件和氛围为永盛东帽业发展提供了基础。

当时，估衣市街、普利街、东流水街、宽厚所街等从事帽业的店铺有十几家，其中名气大些的字号有：运记帽庄、仁卿帽庄、济昌同记、德华新记、大众帽业、义成帽业、永盛东记、同达鑫帽庄、永泰荣帽庄等。特别是同达鑫、达通远等帽庄本是天津鞋帽业的分号或经销商，店大资金厚，客户资源多，是永盛东起步发展的主要竞争对手。昝文林虽然年轻，但从15岁就干帽庄学徒营业员，又在永泰荣帽庄干过两年，同南方经营者打交

民国时期的普利街，鞋帽店铺林立

道切磋技艺，开阔了眼界，增长了才干，有较丰富的市场经验。他研究市场和自身条件后，在保证产品质量的前提下，降低生产成本和售价，打开销路，占领市场。

20世纪40年代，济南帽业的大哥大是经销天津轻工产品的同达鑫帽庄，他们的商品多是京、津地区的传统产品，其特点是工艺成熟，质量稳定，适应京、津、河北等地的气候。冬帽保温性好，但较厚重，特别是孩子的棉帽注重保温性，帽子沉，小孩爱跑爱跳，出汗摘帽，容易感冒。咎文林根据济南地区的气候特点，设计生产出既保温又轻便美观的新型棉帽，不但深受顾客欢迎，而且还降低了成本，售价自然也比京津货便宜。特别是老年妇女爱戴的黑平绒圆帽、缎箍棉帽，农村男人戴的灰鼠皮挂耳毡帽头，当时都是名牌货，产品供不应求。还有呢礼帽，必须戴永盛东的。永盛东生产的帽子款式新颖，注重质量，选料好，从选料、裁剪、上浆、配色、用衬、上盔、定型，每道工序都严格检验，责任到人，用技术最好者把关，

民国时期的估衣市街

因此，永盛东生产的帽子直到戴破也不会变形，帽檐挺括。只要是永盛东生产经营的产品，各种型号一应俱全，顾客只要买就没有缺号的时候。

到了夏天，永盛东帽庄的扇子、草帽、雨伞、凉席、油布、檀香、万金油等开始上市。就拿扇子来说，就分民用普通扇和戏剧专用扇两大类几十个品种：普通扇有芭蕉扇、纸扇、藤条扇、蒲扇、竹编扇、折叠扇；戏剧扇则有绢扇、团扇、舞扇、绸扇、蝴蝶扇、檀香扇等各种形状、各种质料的。

著名五音戏演员邓洪山（艺名鲜樱桃）每年都要到永盛东帽庄买扇子，一买就是几十把，选到如意的还要兴高采烈地唱一段，引来众多顾客驻足叫好。20世纪50年代初，京剧大师梅兰芳在珍珠泉礼堂观看邓洪山主演的《樊江关》，邓饰演薛金莲。梅兰芳对唱腔优美清澈、动作婀娜多姿的薛金莲非常喜欢，交流中梅先生把邓洪山手持绢扇舞动水袖动作看了好几遍。邓洪山便把从永盛东帽庄买的绢扇送给了梅先生，梅先生也回赠了一把亲手画了梅花的团扇给邓洪山，梅欲纳邓洪山为徒，邓虽高兴，但向幕后一指说："还有二十张嘴跟着我吃饭呢。"于是作罢，一时传为戏坛佳话。

　　1956 年后，昝文林主动要求永盛东帽庄公私合营。在人民政府支持下，组成了一家属市商业局领导、公私合营的济南永盛东扇帽店，当时有元亨利、广顺和、永泰荣、永鑫帽社、茂兴衣帽社、仁卿帽庄、同兴永记等 11 家私营制帽企业加入。20 世纪 60 年代划归济南百货公司，更名为济南红旗帽厂。1971 年更名为济南百货公司鞋帽厂；1973 年更名为市百货公司帽厂；1983 年 1 月调整后划归济南市时装公司，恢复老字号济南市永盛东帽厂。由帽庄发展成帽厂，产品由在省城及周围销售拓展到遍布齐鲁大地，产品出口苏联、泰国、越南、老挝、柬埔寨等国，"永盛东"发展达到鼎盛。永盛东帽庄的旧址，1975 年修建电报大楼时被占用，厂址移到了东流水街 77 号，后又迁到后营房街东边。昝文林一直是企业分管生产经营的主要负责人，直到 20 世纪 80 年代退休。

　　与永盛东帽庄并称的，还有附近普利街上的普华鞋店。

　　济南城外圩子壕，原来有七座圩门，从东往西环城分别是海晏门、永靖门、永固门、岱安门、永绥门、永镇门、济安门。商埠开辟后，为了交

民国时期的普利门及普利街

通方便，又在城西永镇门和永绥门之间先后开了两个门，一个是普利门，一个是麟祥门。普利街因普利门而得名，其前身叫柴家巷，是明末清初济南西关"八大巷"之一。普利街东连估衣市街，西接经二路起点线，是城内通往商埠必经的交通要道。街道两边大小商铺林立，新老字号栉比。据《续修历城县志》地域考中记载："富商大贾鳞萃麇至，即负贩小氏亦皆提携妇孺，侨寓其间以谋生计。"

1930 年 6 月，普华鞋店在普利街开张。普华鞋店最初的店面不大，租了约 60 平方米的两间商铺，样式是灰砖小瓦旧平房。当时的掌柜有两人，一位姓杨，一位姓鲁。字号"普华"据说有三层含义：一是靠近普利门，二是借用"朴实无华"的谐音，三是盼望产品普及畅销全中华。普华鞋店经销的是天津厚记兴的布鞋和鞋料，当时天津轻工业在华北地区名列首位，商家进货天津多是首选。杨、鲁两掌柜忙活了两年多，不仅没有挣钱，搭上本钱还欠了厚记兴货款 500 多块。两人无力还债，便把商店顶账倒给了厚记兴。

天津厚记兴的资东姓钱，浙江人，在天津开钱庄兼做买卖，人比较厚道，手下雇请了三位掌柜，其中大掌柜名叫刘幼青。1932 年 8 月，大掌柜刘幼青跟店员邵焕祥、崔振峰交代了济南普华鞋店的状况，决定让邵焕祥当经理，让崔振峰当副经理，每月开 12 元薪金，比在厚记兴多 3 块。9 月中旬，两人便乘火车来到了济南。

经理邵焕祥，年纪比崔振峰大两岁，进厚记兴学徒也比崔振峰早些，人能干也老实厚道，业务熟但不善言谈。崔振峰，原籍宝坻县，小时候家境贫寒。1922 年，14 岁的崔振峰跟随老乡到天津混饭吃，老乡引荐他到经营鞋料的厚记兴商号当学徒。崔振峰当时年轻、聪明、业务熟。

邵焕祥、崔振峰来普利街接管了普华鞋店，邵虽然是经理，但实际上店内一切经营决策、资金支出、人员使用、进货出货、来往接待等都由崔振峰决策。崔振峰虽然文化不高，但人机灵，接管普华伊始便提出只接店不接人，保留"普华"字号，只在普华后面加"生记"二字以示区别。两人商量雇了四名伙计，经营思路还是用原来的一套办法，经销的英国花旗底礼服呢鞋是名牌货，市场销路也很好。但年底一算账，不但没有赚到钱，反而赔了2000多元。天津厚记兴掌柜刘幼青来济南把邵焕祥叫回了天津，临走让崔振峰自负盈亏。崔振峰只好硬着头皮，接下了这个烂摊子。

当时普利街周围有谦恒吉、达通远、同达鑫、天成东等六家鞋子专卖店，都是老店，资金雄厚又有各自的进货渠道，甚至像达通远、同达鑫本身就是天津鞋厂的分号，同样一双鞋，带盒普华进价2.1元，人家进价1.9元，市场同样卖2.2元一双，普华利润就差了两毛。

崔振峰干鞋店学徒多年，精通全套制鞋工艺和材料进货渠道，经过成本核算，在济南当地生产一双礼服呢布鞋，成本只有1.55元，比进成品便宜0.55元，市场售价2.1元的话，比同行便宜0.1元的同时，较之前还能多得利润0.45元，销量大就有利了。他决定由外地进成品改为进材料半成品，自产自销。

崔振峰高薪聘请了在济南最有名的制鞋匠潘如和、潘如横兄弟，每人每月给50块薪金，由他们再聘请范书峨、赵成修等三四十名绱鞋高手，在魏家庄德安里租赁了两个四合院作为绱鞋作坊。材料主要还是从老东家天津厚记兴进货，辅料就地解决，同时派亲信人员画样下料、制底制帮、管理账物，按数量定额促师傅们绱鞋，崔振峰亲自负责验收，以保证鞋的质量。普华鞋店生产的鹿皮底黑色礼服呢鞋是当时的畅销产品。普华有个店规，穿普华的鞋，半年内如果出现鞋面掉色、鞋帮开绽、皮鞋底磨透、礼服呢鞋走样，免费更换。这一招推出后，一时间顾客如云，生意火爆。

普华鞋店不只鞋的质量好，其服务也堪称一流。客人进门来先是让座，然后八仙桌前热茶伺候，接着是冬天递烟夏天送蒲扇，到了饭点还管热气腾腾的大锅饭。待客人坐稳了，再问需要什么。普华鞋店经过数年的辛勤工作，开发设计出350多个品种，能够满足各种人的需要。到1935年11月，不足两年时间，不但挣回了前两年赔掉的2000元，而且还有了盈余，买卖越做越红火，在市场竞争中竟然战胜了天津帮。

正当普华鞋店顺风顺水之时，邻居一小刻字社一场意外的火灾，把鞋店烧了个精光。崔振峰说服房东追加投了1000块，盖起了两层楼，面积

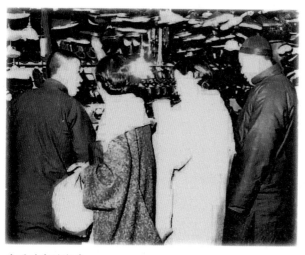

民国时期的鞋店

扩大到 200 多平方米。普华鞋店重新开业不久，天津厚记兴看到买卖赚钱，遂又收回了产权，并把邵焕祥又派了回来。日伪统治后期，天津厚记兴资东钱老板来到济南，把普华鞋店分成六股，钱老板、崔振峰、邵焕祥，加上厚记兴那边三位掌柜，每人一股。约定普华鞋店经营以崔振峰为经理，邵焕祥为协理。钱老板还把小儿子钱增其留在济南，委托崔和邵照顾。

新中国成立后，普华鞋店把加工车间由魏家庄德安里迁到了普利街，在店后面扩建了 600 多平方米车间楼。1956 年，企业实行公私合营，把谦恒吉、达通远、同达鑫、天成东、元康、普华等数家分散的鞋庄鞋店合并为"济南鞋帽公司普华鞋厂"，并在经二纬三路新设了普华鞋厂经营部，规模已非旧日作坊可比。20 世纪 70 年代后，普华鞋厂更名为"济南百货公司制鞋厂"，在铜元局前街新建占地近 5 亩的制鞋厂区，建起三座四层楼及附属楼，先后购进三台制鞋注塑机，有三个车间，日产鞋 2500 双。1985 年后，重新更名为"济南普华鞋厂"，随后建起三条生产线，产品供不应求，遍销全省。

如今，永盛东的帽子、普华的鞋虽已不再辉煌，但在济南仍家喻户晓，留存在一代人的记忆中。

# 房炳南与第一楼黑肥皂店

每年只生产四个月的黑肥皂，产量数百万块仍供不应求

　　第一楼黑肥皂是济南过去的一个名牌产品。第一楼黑肥皂店原位于经二纬三路，由来济的周村人房炳南创办。

　　"一天，我在马路上散步，走到纬三路旁，透过一家大户人家的硕大玻璃门窗，看见室内高悬一匾，上书'第一楼'，感到十分奇怪，这家明明是一座平房，又哪来的'第一楼'？出于好奇，我竟不请自到地走了进去。只见室内挂满了字画，书架上还摆放着许多碑帖。在悬挂的书画中，有清代名臣刘墉、曾国藩的对联，也有'扬州八怪'之一郑板桥的竹子……这'第一楼'的主人姓房，名炳南。三十年前，从乡下来济南……房炳南靠着卖黑肥皂，渐渐攒下了一笔钱，然后开了一家专门生产这类肥皂的工厂，慢慢地成了济南小有名气的富翁。他虽然文化不高，但十分喜好字画碑帖，靠着勤奋好学加上天资聪慧，记忆力强，在识别碑帖方面造诣颇深。"在《亲历画坛八十年：石谷风口述历史》一书中，书画鉴定大家石谷风详细讲述了 20 世纪 40 年代后期，他在济南邂逅房炳南的故事。

　　房炳南一边卖肥皂，一边收字画碑帖的故事如今已经鲜为人知。仅能查到的一条相关记载是：1950 年，他与路大荒、王献堂等 15 位收藏家共捐献"书籍 76 种计 1239 册，书画、拓本、陶瓷、石器等 175 件"。作为书画收藏大家的房炳南，不少济南文人在文章中记载了他及家人的故事。如许介文先生《记袁金凯》一文记载：1949 年，袁金凯来济南北洋大戏院演出，鼓师刘友林同他配合默契，在书画方面也是同好。刘曾带袁去拜访济南第一楼黑肥皂创始人、书画收藏家房炳南，二人一见如故，谈画论戏，非常投机。临别房赠袁一方珍贵的砚台和一锭好墨以作纪念。此后，袁常去房家。房的女儿润兰是有名的工笔花鸟画家，也经常参与他们的谈论。一次袁带了一把绢面扇子求润兰作画，润兰蘸彩挥毫，饱含感情画了一幅菊花，题曰："东篱秋色"。袁十分喜爱，演《艳阳楼》时，总拿出来使用。袁也赠润兰一柄象牙扇，上面是他自己画的藤萝，润兰一直珍藏着。后来润兰又画了一张仙鹤图赠袁，祝他展翅飞翔，直上九霄。从此二人感情日深，后经友人出面为袁议婚，当时梨园界社会地位低下，但房炳南夫妇打破世俗，认为"袁金凯人品好，有能耐"，就允婚了。

第一楼的黑肥皂主料，选用猪、鹅、鸭的胰子，猪板油，山西榆次的黑土碱，外加人造麝香、冰片、白糖、樟脑四样配料。春夏时节，便把胰子、猪板油剁成肥皂胎，置于缸内备用。等秋风一起，取出皂胎，再进行搅拌、揉合、滚团儿、加酒精上光。然后在椭圆形的黑肥皂上，贴上双鹅牌商标，放进玻璃做盒盖的木箱里，由小贩沿街叫卖。

据房炳南重孙房玉璋撰文记载，房炳南（1889—1954），字兴隆，祖籍周村。他在1914年来济南经商，最初在二大马路纬三路赁屋居住，致力于黑肥皂的研究改良，加上洋人朋友为他介绍和购置西方电器机械和化学香料，1918年，他和夫人李玉卿合力开创"济南第一楼黑肥皂店"。由于质量精良，"产品除省内各地还远销京、津、山西、东三省，亦远销东瀛。第一楼当年加工黑肥皂时用的石臼保留至今。1928年又购进德国先进冷冻设备，创办省城第一家现代冷饮企业。成为省城颇具名望之实业家"。1934年版《济南大观》一书中，插有一条第一楼黑肥皂工厂的文字版广告，内容为"经二路纬三路汽车路局对面""双鹅牌黑肥皂，代售干鲜果品"。此外还附有一首宣传第一楼冷饮的顺口溜："每逢夏季中，专造冰激凌，特别制造法，决不与人同。"

对于第一楼黑肥皂的来龙去脉，佟大刚先生《周村"第一楼"》

一文中记载，猪胰子又叫黑胰子，现在叫黑肥皂。与"第一楼"同时，在周村当地制作经营猪胰者有徐、樊、宋、郭等许多家，但其质量、声誉等都赶不上第一楼。第一楼创立于民国七年（1918），创始人是房炳南。其前身叫"义兴隆"，系清末房兴义、房炳南兄弟所创办，位于周村汇龙街中段南口路西，原为经营铁器的杂货铺，自 1911 年

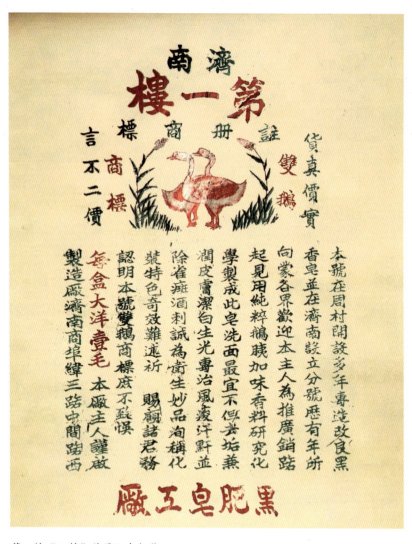

第一楼"双鹅"牌黑肥皂包装

周村区工业局化学厂化妆社肥皂车间

起，增添了制作经营猪胰子的项目。房氏兄弟为周村南下河文昌阁西胡同人。最初，制作者只有房炳南一人，他有个卖肉的朋友叫李福东，及时供给他猪胰脏和板油做原料。当时黑碱又不难买到，猪胰子就这样开始制作了。这种黑肥皂，对北方冬季常出现的手掌皲裂尤其管用，因此很有市场。1916 年，讨袁护国军占领周村，义兴隆被护国军所毁，房炳南逃往济南，在魏家庄开茶水炉。两年后时局转稳，房炳南与其兄房兴义在济南望平街（位于经二路与经三路之间，东起纬三路，西止纬四路）和周村"义兴隆"原址同时创办了两家"第一楼"，主营猪胰子，兼营杂货。1924 年，第一楼肥皂店办理了官厅注册，以双鹅牌为商标，将原来的色纸包装改为盒包装。每盒装猪胰子 6 个，价洋铜板 6 枚。房兴义晚年将周村第一楼交由次子房崇岳经营，房兴义小儿子房崇崑曾在济助叔叔房炳南运营第一楼。

新中国成立后，第一楼黑肥皂在济南和周村经历了不同的命运。1956

年，第一楼、永固肥皂厂、同顺合肥皂店、庆祥肥皂店、玉顺号化妆品店等7个手工业个体户组织成为第一化工合作社，生产双鹅牌黑肥皂。后来，第一化工合作社改称济南日用化工厂，品牌名称延续到1970年前后。济南第一楼黑肥皂被公私合营之时，周村的第一楼黑肥皂也并入周村化妆社，房兴义之子房崇岳被选任技术员。该社后来改为周村化工厂，仍然生产黑肥皂，以"第一楼"为品牌，"文革"期间一度改名"工农兵"牌。1979年11月，周村红光日用化工厂再度恢复猪胰皂生产，聘请房崇崐为技术指导。1983年，取消"工农兵"牌，恢复"第一楼"牌。

# 商业往事

济南是历史悠久的商业城市，清代以来，商业活动一直都很繁盛。开辟商埠后，先是出现了许多洋行，倾销各类外国生产的工业产品。紧接着，又开始大批收购工业原料和手工业产品，使济南成为鲁、豫、晋三省货物集散地和华北的重要市场。津浦铁路通车后，进一步推动了济南商业的繁荣和发展，促进了许多新兴行业的产生。20世纪初，中国本土生产的日用工业品开始投入商埠市场。商埠良好的营商环境，还先后催生出了新市场、萃卖场、劝业场、西市场、大观园等五个以经营日用百货为主的综合性商场，商业活动日益繁荣。

# 方液仙与中国国货公司

国货运动催生的国货公司，专卖国货

中国国货公司（China Merchandise Co.），是过去济南经二路上一家专营国货的商场。

提到"国货公司"，就不得不提国货运动。国货运动虽自1905年就已经开始出现，但那年的济南才刚刚举行完商埠的开埠典礼，正积极筹措着经销洋货。所以，直到20世纪20年代末，国货运动才在济南有了一席之地。1928年，南京国民政府完成第二次北伐后，开始实施保护国货的政策。1929年，为振兴民族工商业，当时的工商部饬令成立部属及省市属的国货陈列馆，并举办国货展览会。同年7月，山东省工商厅在趵突泉南门外筹建了山东国货陈列馆。1934年5月，国货陈列馆开设了售品部，内设国货批发所，开始发售、采办全国各地的国货产品。与此同时，1933年3月，天津国货售品所也在济南普利门里及院西

中国国货公司店招

大街分别设立营业分所，称之为"济南国货售品所"。这两处国货售卖场都在老城附近，而济南规模最大的国货销售场所——中国国货公司却在洋行林立的商埠区。

中国国货公司刚开业时在经二路搭起高大的跨街牌楼

中国国货公司源自上海，得益于国货运动的发展。"九一八事变"后，中国失去了东北这块唯一的对外贸易出超地区，金融界及工商界一大批有识之士深感提倡国货和培养国力的迫切，开始着眼于国货的推广工作。1932年8月，"以集合本国工商业同志，谋切实合作，而利国货制造与推销为宗旨"的中华国货产销协会在上海成立，公选张公权为理事长，杜重远为总干事。协会以中国银行为中心，成员大都是上海有一定规模的轻工业国货工厂代表，意在推动国货生产、销售、金融三方通力合作。协会成立伊始就在各地组织国货展览会，还曾在济南的山东国货陈列馆举办过多次国货展览。

1932年9月，"九一八事变"周年纪念日之际，中华国货产销协会的会员单位中国化学工业社、美亚织绸厂、五和织造厂、华生电器厂、鸿兴布厂、华昌钢精厂、中华珐琅厂、亚浦灯泡厂、华福帽厂等9家厂商，在上海南京路原绮华公司旧址举办了"九厂国货临时联合商场"。每家选出2种商品，9个厂共计18种商品，寓意

中国国货公司创始人方液仙　　中国国货公司总经理李康年

"九一八"，展览期1天，销售期7天。参会厂商向社会表示：其心在国家、民众利益，欲将这8天营业额的5%抽出捐献于公益事业，如慰劳抗日将士、救济难民等，这一爱国义举受到各界赞誉，展会期间顾客盈门，盛况空前。

上海中国国货股份有限公司礼券

联合商场的主要策划者，是中国化学工业社的创办人方液仙及该公司总务科长李康年。方液仙起家就得益于国货运动，自1911年创办中国化学工业社后，他曾两次蚀本，亏损殆尽，直到1919年五四运动爆发，全国掀起振兴国货运动，中化社才绝处逢生，先后开设了4个分厂，成为当时中国日用化学工业规模最大的厂家之一。方液仙、李康年在临时联合商场成功之后，随即开始着手在上海筹办中国国货公司。

1933年，方液仙、黄延芳、任士刚等人投入资本10万，租定上海南京路大陆商场铺面及二楼，创办中国国货股份有限公司，方液仙任董事长兼总经理，

李康年任副总经理，主持日常工作。开业前，方液仙命人在《申报》刊登了《中国国货公司开幕宣言》："'提倡国货！提倡国货！'——这口号已喊了一二十年，然而查一查海关册，进口洋货，却是年增一年，入超亦是年甚一年。说没有国货么？我们总算已经有了若干工厂。说有国货么？为何抵制洋货之功效，竟等于零？

上海中国国货股份有限公司股票

这里头原因，自然复杂万分，有关于政事的，有关于商事的，亦有关于技术的。不过，生产的工厂没有结合团体，没有贩卖的机关，所以国人不知有国货，不识国货与洋货之分别，当然也是国货不发达重要原因之一。同人等有感于此，受本产销合作之意旨，纠集二百余家制造国货的工厂，联合组成中国国货股份有限公司。"1933年2月9日，"中国国货公司"正式开业，宣布大廉价21天。商场设有绸缎、布匹等40个柜组，其营业面积仅次于上海的先施、永安、新新三大公司。国货公司采取薄利多销、商品寄售的方式，营业鼎盛。开市一个月，营业额竟与上海三大公司齐平。半年后又扩充了二楼南部商场，营业进一步得到发展。

上海中国国货公司总部

受此启发，1933年3月，中

华国货产销协会成立了国货介绍所，逐渐完善国货购销渠道。1934年1月，中华国货产销协会与中国国货公司深度合作，将国货介绍所改组为"中国国货公司、中国国货介绍所联合办事处"，简称"国货联办处"，进一步将国货产销业务推销至各埠。方液仙运用上海中国国货公司的经验，结合中华国货产销协会的厂商资源，推动各地成立"中国国货公司"。到1935年，国货联办处已在郑州、长沙、镇江、温州、济南、徐州、福州、重庆、广州、西安、昆明等11个城市成立中国国货公司。

济南的国货公司于1935年开业，全称为"济南中国国货股份有限公司"。公司的营业宗旨，是要"使国人知有某项国货可代某项洋货之用，不必专购舶来货；使洋货不得改头换面，冒充国货以至国人难有爱国心苦于无从辨别；使制造国货各工厂，可以出品博大众之比较与品评，优则愈加奋勉，不良则速为改进；使国货有集中之地点，国人采购，极为便利；使消费者得以最低廉之代价，取得其最合需要之国产品；使各工厂出品容易贩卖，免却各个宣传广告的费用；使内地手工业出产的精美物品易于推销，不至胶守一隅，故购者无从采购，以至日渐零落；使社会知国货效用广大，出品繁多，愈激发其爱国心"。

中国国货公司还在报纸上刊登过这样的广告："提倡国货，是国民的天职！提倡国货，是强国的根本！提倡国货，就是团结民众！提倡国货，可以解决民生！提倡国货，可免利权外溢！提倡国货，就是战胜敌人！提倡国货，可免经济压迫！"几排用大号铅字印出的口号，让人看了顿觉心潮澎湃——原来去国货公司买国货有这么多益处。

济南中国国货公司营业部位于经二路路南，坐南朝北，有西、北两个入口。国货公司租用的营业大楼非常气派：建筑主体三层，拐角为一圆柱形塔楼，塔楼的第五层为钟楼，塔楼顶部是一个高高的盔状屋顶，非常醒目，从很远就可以看到。营业大厅内有"请中国人用中国货"的巨幅标语，一、二层是零售部，三层是办公室及批发部。大楼内贴了很多口号式的广告："万众一心，要用国货。我胜强敌，要用国货。"将国货与爱国联系起来，

中国国货公司营业大楼（摄于 20 世纪 30 年代）

中国国货公司徽章

这成了国货公司的一种企业特色。国货公司一层外的橱窗里总是陈列着各种国货新品，宛若一个小型国货展览。

营业场内的柜员都经过严格培训，上柜时必须佩戴公司徽章，衣着整洁，礼貌待客。国货公司经销的都是市面畅销的国货商品，当时流行的名牌国货在这里基本都能买到，主要以上海织造、化学、珐琅、钢精、电扇、织绸、织布、制帽、暖瓶、赛璐珞、牙刷、螺钉、瓷砖等厂家生产的产品为主。营业场内还设有一个土特产品专柜，以"推广中国国货，远销各地土产"为旗号，经销各省的土特产品。国货公司经常开展各种优惠活动，如将几种小商品搭配成扎，仅售0.99元，虽有亏蚀，但可以通过这种方式搭销一些滞销货，既能缓解库存压力，也能给顾客留下国货公司售价低廉的印象。

国货公司的供销方式与众不同。它通过与各生产厂家合作，由厂商直接供货，所以价格低廉。除现进畅销国货商品以外，又吸收国货厂商寄售商品，售后再行结算，节省了大量的流动资金。此外，国货公司还承办代理购销国货业务，济南本地优质的工业产品，也可以通过该公司代理销往外地。自创设伊始，国货公司就以系统化的管理方式和已经成型的购销体系，迅速在洋货横行的商埠占据一席之地，并获得了良好的商誉。

1936年10月后，设在上海的国货联办处开始筹集相应资金，准备设立新的国货运销机构。当时的国民经济建设运动委员会在实业部部长吴鼎昌的主持下，联合中华国货产销协会及国货联办处，共同发起成立中国国货联合营业公司，政府资本占三分之一。就如镇海人胡西园所说："当此国难严重，外货倾销之际，吾人得政府之领导，应各为国货联合营业公司努力襄助，俾可早观厥成，而树经济建设之基础。"1937 年 4 月 11 日，中国国货联营公司在上海成立，选举吴蕴初、方液仙为董事，王性尧任副经理。

正当中国国货联营公司踌躇满志地准备在各地再开 50 家国货公司的时候，日军发动"卢沟桥事变"，抗日战争全面爆发。1937 年 12 月 23 日，日军矶谷廉介第十师团两万余人兵分两路，自齐河与济阳渡过黄河包抄济南。当时的山东省政府主席韩复榘弃守济南，离开前命令所部放火烧

中国国货联合营业公司十周年纪念册

毁了省政府、日本领事馆、进德会及市内的一些重要的公共建筑，中国国货公司也在烧毁之列。

1945 年抗战胜利后，中国国货联营公司积极开展了各地国货公司的复建工作。当年 5 月，全国复业的国货公司已有 13 处，济南中国国货公司的复业工作也在积极筹划中。此时，抗战中备受摧残的民族工业，在抗战胜利后又遭遇美货倾销，加之通货膨胀等，举步维艰。中国国货联营公司也已不比往日，各地国货公司均是勉力维持，银行资本则全力服务于内战，公司的运营资本短缺。这种情况下，济南的中国国货公司复业无望，没有再恢复起来。

# 宋传典与德昌洋行

一家没有外国资本的伪洋行，最终成就了"抵羊"毛线

  1922 年，在济南商埠经六纬七路开张了一家专门经营发网、花边的贸易公司，名为"德昌洋行"。德昌洋行附近，还有家德国商人创办于1918 年的太隆发网厂。德昌洋行开张以后，包括太隆在内的数家发网厂先后倒闭，济南发网、花边的生产和出口为德昌洋行所垄断。而这家洋行其实并不"洋"，它是由中国人开办经营的，是一家不折不扣的伪洋行。

  德昌洋行主要生产并出口两种产品：发网和花边，这在 20 世纪初的中国是大宗出口产品。发网，是当时欧洲妇女的一种日常必需品，用来归拢头发，一般由丝线或人发编织而成。花边也叫"抽纱"，使用棉线、麻线、丝线等编织而成，用来制作台布、床罩、手帕、茶垫等生活用品，也是欧洲人日常生活所必需的。德昌洋行集中采购生产发网、花边的原料，交托给胶东的农户在家编织生产，收回成品后再出口到欧洲，获利颇丰。

  德昌洋行的前身是德昌花边庄，可以说德昌洋行就是靠经营花边起家。花边起源于意大利、法国、葡萄牙等，最初集中于修道院生产。1893 年，英国在华传教士马茂兰（James Mamullan）与美国长老会传教士海尔济的妻子梵妮合作，开办了一家花边讲习班，欧洲的花边生产技术开始传入山东，并逐渐形成了地方特色的产品——棒槌花边。不同于烟台的花边样式，德昌洋行经销的是"青州府花边"。1894 年，英国浸礼会宣教士库寿龄（Samuel Couline）夫妇在青州开办花边庄，由库寿龄之妻传授花边编织技术，参与编花边的农户越来越多，逐渐形成了"青州府花边"这一品种。受益于"青州府花边"的不只是生产的农户，还有德昌洋行的创办者宋传典。

青州府花边

宋传典是青州前龙山峪宋王庄（今王府街道办事处宋旺庄）人，生于1875年。宋传典原名宋化忠，字徽五，传典是他在教会里的教名。宋传典的父亲宋光旭育有三男二女，长子宋化忠、次子宋化恕、三子宋化宽。宋传典家境异常贫寒，一家人靠耕种山岭薄地为生。

宋光旭与一位西方传教士的偶遇，改变了宋传典的命运。1891年，宋光旭到城里卖山草时认识了库寿龄，后领受浸礼，成了基督教徒，到培真书院当伙夫及看门人。作为教徒之子，宋传典得到了受教育的机会，他先到教会在魏南庄开办的乡塾读书，随后进入广德书院。宋传典在广德书院毕业后，考入了教会在潍县设立的广文大学。毕业后，经库寿龄推荐，宋传典到广文中学任教。1902年，青州府官立中学堂成立，宋传典被聘任为教习。1905年开始，宋传典先后担任益都县立高等小学堂校长、县教育会会长。

1908年秋，库寿龄夫妇被调到上海基督教浸礼会从事教务工作。当时，库寿龄夫妇创建的花边社已经成为教会的一项重要慈善产业，通过组织花边编织生产来增加农户收入，经营稍有不慎，就会波及大量农户生计。离

清末制作花边的场景

开青州前，库寿龄将花边社交给了宋传典、贾星垣、苑松芳、孙思吉四人经营，并重新组建了"德昌花边庄"。因为花边业务盈利丰厚，宋传典于1912年辞掉了公职，全力投入德昌花边庄的经营中。

宋传典改变了过去花边庄半慈善、半救济的经营方式，实行商业化经营，把传授花边技术从传教活动中脱离出来，组织人力向更多的农户教授技术，定点供应原料、定点检验、定点收购成品，并通过教会关系积极拓展外销市场。德昌花边庄的业务得以迅速发展，利润由最初的铜元2000吊增至1918年的银元6000元。1919年春，宋传典又开办德昌号，除花边业务外，还经营发网、汇兑及土产进出口贸易。至1920年，德昌号资本已高达数百万元，在山东、上海、河北等处设分庄，仅从事编织发网的农民就不下15000户。宋传典赎买了德昌花边庄另外三位股东的股份，德昌花边庄成了宋氏的独资企业。

随着资本的迅速聚集，宋传典的业务已不局限于花边和发网，他在青州相继办起了东益火柴公司、德昌肥皂公司、德茂花栈等商号，并在各地扩展业务。1922年，宋传典在济南商埠租用了3万多平方米的土地，开办了德昌洋行，经营花边、发网、汽车、自行车以及土产等进出口贸易。德昌洋行内还设有德昌地毯厂，使用进口机械编织地毯线，再由人工编织成地毯。宋传典又在天津成立天津德昌贸易公司，代理经营美国"飞得禄"牌汽车。

宋传典成了山东工商界的知名人物，1922年当选为山东省议会议员。1923年，山东省议会举行第三届议长选举，宋传典作为英美教会支持的势力参加了议长竞选，击败了另一个候选人陈鸾书，当选为山东省议会议长。1925 年，奉系军阀张宗昌入主山东，作为省议会议长的宋传典带头拥护，张宗昌许诺议长不再改选，并委派宋传典出任山东赎路督办，商人宋传典就这样上了奉系军阀的"贼船"。

宋棐卿（1898—1955）

济南德昌洋行的总经理是宋传典的长子宋棐（fěi）卿，他负责宋氏企业的经营管理。宋棐卿（1898—1955），名显忱。18 岁时顺利进入齐鲁大学学习，后转去燕京大学，1920 年赴美国西北大学商学院学习。毕业后回到济南，协助宋传典管理家族企业。

留洋回来的宋棐卿不满足于德昌洋行分散式的手工生产，一心发展工业产业，尤其是当时国内缺少的毛纺产业。他在德昌洋行内增设了毛纺部，

民国时期的毛纺设备

向德国人在济南开办的禅臣洋行订购了两台毛线生产设备，并预先注册了"富国牌"商标。万事俱备，东风却出现了问题——机器设备运济后，仅安装、调试就花了半年的时间，纺出的毛线弹力等指标一直达不到质量标准。宋棐卿又邀请在上海的美国技师来济南调试设备，发现德商出售给德昌洋行的设备是用粗纺机冒充细纺机，是不可能生产出来合格毛线的。为了减少损失，德昌洋行使用粗纺机来生产地毯线，无意中扩大了地毯的生产规模，一跃成为济南最大的地毯厂。

1928 年 4 月，北伐军逼近济南。因为宋传典是旧议会的议长，与张宗昌走得很近，所以南京政府将宋传典视为张宗昌、褚玉璞的同党。4 月 30 日，宋传典听闻教友通报的相关信息后，立刻把家人先行送出济南，安置到了天津租界内。5 月 3 日凌晨，宋棐卿亲自将宋传典送到济南火车站，逃往天津，济南德昌洋行的产业由宋棐卿看管。就在宋传典走后不到半天时间，津浦铁路全线停车。5 月 10 日，新任山东省长陈调元发布通缉令，悬赏银洋 3 万元捉拿宋传典，查封了宋氏家族在济南的全部财产。

宋家老少四代二十余口人，居住在天津明德里一幢小楼房里，唯一的产业只剩下经营不善的天津德昌贸易公司。在这之后的半年时间里，宋氏父子一直奔走求助，试图通过各种关系解除通缉令，并收回德昌洋行在内的企业。1929 年春，经基督教青年会全国协会总干事余日章引荐，宋棐卿见到了南京国民政府外交部长王正廷，他是蒋介石的同乡，同时也是虔诚的基督教徒。王正廷给出了一个解决方案：通过山东各界出具一份替宋传典申诉的呈文，他可以亲自向蒋介石呈递。宋棐卿立刻回到山东，起草了一份申诉书，用了一个月的时间，收集到了 100 多位山东工商界、教育界、宗教界知名人士的签名。当年 4 月，通缉一事稍有转机，余日章来信邀请宋传典抵沪详谈。宋传典抵达上海后，住进了位于法租界的上海基督教青年教会宿舍。1929 年 12 月 22 日午后，余日章告诉宋传典一个好消息——蒋介石已正式解除了对他的通缉，并撤销对他的追诉。宋传典在家产被没收、被通缉一年半之后终于盼来了所希望的结果，激动之下心脏病复发，死在了寓所。

宋传典与世长辞，德昌洋行的传奇还在继续。

宋传典去世后不久，山东省主席韩复榘将查封的德昌洋行资产全部发还，宋棐卿利用这部分资产开始着手创建毛纺厂。在德昌洋行资产之外，宋棐卿又筹措了 20 余万元资金，这其中就有韩复榘以儿子的名义入股的 5 万元，以及韩复榘部下第二十师师长孙桐萱以亲属名义入股的 5 万元。因为有其父的前车之鉴，宋棐卿前思后想之后将毛纺厂建在了天津，他在海河北侧的意租界内租赁了一片占地约 15 亩的房舍，高薪聘请上海章华呢绒厂的工程师担任技术指导。

济南德昌洋行成立 10 年后的 1932 年 4 月 15 日，利用济南德昌洋行资产筹建的东亚毛呢纺织有限公司在天津正式成立，一同诞生的还有中国第一个国产毛线商标——"抵羊"牌。

宋棐卿在天津创办东亚毛呢纺织有限公司

# 郑章斐与亨得利钟表公司

济南钟表业翘楚，曾在济南开有四家分号

亨得利是源自上海的品牌，它前身是"二妙春钟表店"。清同治十三年（1874），应启霖、王光祖、庄鸿奎三人合伙在宁波东门街创立了一家名为"二妙春"的钟表店。民国4年（1915），又在上海五马路开店，取名"亨得利"，意在万事亨通、大得其利。短短几年，就在上海静安寺、霞飞路和香港开设了3家分店，还在全国各地建立联营合资的企业达60家。1928年，亨得利迁

亨得利钟表总行广告

至南京路广西路口，并挂出了"亨得利钟表总行"的招牌，大做广告，事业蒸蒸日上。

1917年，上海亨得利总店集资6900银元，派郑章斐来济南筹设分号。

郑章斐是浙江鄞（yín）县人，幼年替人放牛，仅念过几年私塾。成年后通过老乡关系，进入上海亨得利当学徒，成为一名修表高手。郑章斐为人诚实，且有经营头脑，故为资东所赏识。他来到济南后，感觉应该在眼镜商铺扎堆的芙蓉街一带设立店铺，于是就在芙蓉街附近的凤翔街口寻了一

大西洋钟表眼镜行广告

亨得利钟表眼镜公司广告

家店面，设立济南亨得利钟表店，并于 1918 年 3 月 16 日正式开张营业。由于货源充足、技术先进，所以经营情况非常好。

亨得利虽然是经营钟表起家的，但同时也经营眼镜。过去，眼镜镜片是由天然晶石磨制，眼镜框用铜、玳瑁、牛角等材料，属于文玩器物。一

亨得利银器部证章

副上好的茶晶眼镜，需要一到二两黄金，普通的需要八九十块大洋，水晶的稍便宜一些，平面的八九块大洋。所以，眼镜最早是在古玩行、珠宝行、玉器店、首饰楼销售的。

与此情况相似的还有钟表，清代钟表基本都是在古玩店里销售。后来这两种源自西洋的珍宝玩意儿都归到了一家店，售卖钟表的大型店铺大多都销售眼镜。亨得利钟表店既销售钟表，也销售眼镜，甚至还卖过钢笔。过去济南亨得利店门口挂着两块大招牌，分别书写"亨得利钟表公司"及"亨

得利眼镜公司"。

郑章斐先后于 1920 年在院西大街设立了亨得利东号，1923 年在普利门设立了纽约表行，1924 年在经二纬四路口设立了大西洋钟表眼镜行（今亨达利钟表店）。此后，郑又于 1924 年在青岛、1928 年在泰安设立了亨得利钟表店的分号。1934 年，郑章斐在大西洋钟表眼镜行的对面营建了三层楼，创立了亨得利西号。

亨得利主营钟表、眼镜，兼营唱片机及工艺品。亨得利

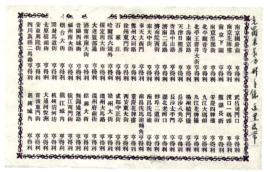

亨得利钟表眼镜行售后服务凭证单（正反面）

钟表部经销国内外著名品牌的座钟、怀表、手表，备货只选质量优良者，对那时的人来说，从亨得利购买钟表是质量的保证："君欲爱护时间，必须购备准确钟表——亨得利钟表行，创设最早，备货最多，选货最精，定价最廉，保君称心。"亨得利的光学部是配售眼镜的部门，其规模比精益眼镜店还要大："新式仪器，检验目光不取分文。国货茶晶科学镜片、新式镜架，无美不备。"亨得利的银器部制作各种银质、铜质、锡质的奖杯、奖牌、纪念章："本行不惜重资，聘请技师，按科学方法精制各种银盾奖杯、银盾风景照相，质美价廉。"亨得利奏乐部是销售唱片机和唱片的部门："自制各种精美唱机，经销各公司名伶唱片，花色齐备，定价公道。"亨得利还设有钟表修理部，钟表、唱片机、打字机等日用精密机械都可以修理："高等技师，精工修理，钟表唱机，打字机器——整旧如新！"从亨得利购买商品都会附带一张保修卡，5 年质保，免费维修，全国联保。

当年，亨得利在济南有四家分号，分别是位于院西大街的亨得利东号、

位于普利门里的纽约表行、位于经二纬四路的大西洋钟表眼镜行，以及位于大西洋对面的亨得利西号，但只有大西洋钟表眼镜行坚持到了最后。大西洋钟表眼镜行开业于1924年，经营亨得利下属所有部门的各种业务："本行钟表坚固准确，花色繁多，定价公道。""光学专家，验光配光，各种眼镜，精美价廉。""摩登唱机，精美坚固；名伶唱片，花色齐备。足不出户，能听古今中外之音乐。""银盾银杯，珍贵价廉。""修理钟表，整旧如新。"而且也是全国联保："本行售出钟表一律保用，本行分行遍设全国各大埠，一律免费修理。"除了大西洋，恒得利、二妙春、青年、大明、纽约等品牌店也都是亨得利旗下的联号，其产品同样享受全国免费维修。

郑章斐在济南共居住了20年，他把亨得利在济南的生意做得风生水起。这期间，郑章斐还在青岛、济宁、泰安等地创设了数家亨得利分号。1937年，抗日战争全面爆发。郑章斐将较为贵重的部分钟表、唱机存入交通银行仓库，由内弟崔锡瑞代理经理职务，主持济南亨得利连号业务，郑章斐则离开济南赴汉口。日军侵略济南后，亨得利寄存在交通银行的货物被抢，崔锡瑞为了营业，只得将几个店的商品集中于亨得利西号，勉力维持。日本投降后，由于经营情况不好，崔便于1946年关闭了亨得利东号，将资产并入亨得利西号。1949年1月，国民党飞机对济南进行轰炸，亨得利钟表店西号被炸毁，并当场炸死18人，商品全部被毁。至此，济南四家连号的亨得利，就只剩大西洋钟表眼镜行一家了。

1964年，大西洋钟表行改名为"泉城钟表店"，亨得利西号则在原址新建楼房复业。20世纪80年代，又组建了"济南亨得利钟表眼镜公司"，亨得利又恢复了生命力。

如果你现在路过亨得利眼镜店，会发现门口三个大字写的是"亨达利"，这是怎么一回事呢？谈到这个问题，我们就不得不说到民国期间一段"两亨"相争的传奇了。与"亨得利"类似的品牌，还有一个"亨达利"。"亨达利"是1864年法商霍普兄弟公司的中文招牌，1914年转到国人虞芗（xiāng）山和孙梅堂手中。因与洋商关系密切，货源充足，资本实力雄

民国时期位于经二路上的亨得利西号

民国时期位于经二纬四路口的大西洋钟表眼镜行

厚，亨达利在全国各地也开设了几十家分店。亨得利与亨达利不仅名字相近，而且同样经营钟表眼镜，"两亨"之间的斗争一触即发。亨达利以侵犯店名权为由，将亨得利告上了法庭。这场官司几经波折，最后，南京高等法院以中文的"得"与"达"音意均不相同，既谈不上影射，也谈不上效仿为由，驳回了诉讼。不久，亨得利在国民政府农商部正式登记注册，得到法律保护。

亨达利钟表总行

除了轰动一时的官司，亨得利与亨达利在商业手段上也是你征我伐，打了多年的广告战。亨得利的广告总是标榜"亨得利"为全国第一大号钟表店，推出了"创始于同治十三年的老牌亨得利分行遍全国"的标语，强调自己"信誉至上，服务到家"，利用在全国各地的60多家分号实行"各地联保"。亨达利也不甘示弱，不惜花费10万大洋，在报纸、电台、影院及铁路沿线大做广告，亨达利的广告突出一个"达"字，暗示"得"字是冒牌，自己才是真正的"钟表大王"。意料不到的是，"达""得"之争非但没有互损皮毛，而且还使得两家知名度陡增，使这两家本就重视品质和服务的老字号更加精益求精。结果是谁也没有把谁消灭掉，反而是越竞争发展得越好，产品和服务不断推陈出新，"两亨"都成了全国性的知名连锁钟表店。

1956年公私合营，各地的"亨得利""亨达利"分别划归各地方政府所有，与其他同类企业一起成立当地的国营钟表眼镜商店，大多数都保留着"亨得利""亨达利"两个品牌。1985年由天津、武汉、青岛、上海、北京等6个地区的7个"两亨"企业发起并创建了"全国亨得利、亨达利钟表联合会"。济南本来是没有"亨达利"的，1985年济南亨得利为了加入"两亨联合会"，特地将"泉城钟表店"改名为"亨达利"。

1995年，济南亨得利钟表眼镜店改制为"济南亨得利钟表眼镜有限

如今位于经二路的济南亨得利

公司",集钟表、眼镜的生产、批发、零售于一体,拥有"亨得利""亨达利""精益""大西洋"等品牌,成为国内贸易部评定的"中华老字号"企业。纵观济南眼镜业的发展历程,新式眼镜的出现、发展和辉煌,似乎只能出现在商埠。而在老济南人的心里,"精益求精"的眼镜店,也一直存在于经二路上。

值得一提的是,济南亨得利钟表公司的创办人郑章斐的次子郑哲敏,从1924年到1937年一直居住在济南,他的童年是在济南度过的。长大成人后,郑哲敏并没有同父亲一样走上经商道路,而是先后师从钱伟长和钱学森,成为新中国爆炸力学专家,入选中国科学院院士、中国工程院院士,曾获得国家最高科学技术奖。

# 徐子刚与精益眼镜店

济南第一家新式眼镜店，精益求精做眼镜

在济南，一说到配眼镜，旁人总会指引你去经二路上的眼镜店。仿佛只有那里的眼镜店才最正宗，配出的眼镜最为舒适。其实，经二路上出名的眼镜店只有"精益""亨得利"两家而已，这两家店挑起了济南眼镜行业的大梁。

眼镜，据说最早是由明末的传教士带入中国的，当时的镜片是西洋玻璃，时称"玻璃（lí）"，国人则以水晶仿制。明清以来，人们习惯上称水晶镜片的眼镜为"眼镜"，而称西洋玻璃镜片制成的眼镜为"叆叇（àidài）"。《瓯北诗钞》中就提到："眼镜，相传宣德年来自番舶驾。初本嵌玻璃，薄若纸新研。中土递仿造，水晶亦流亚。"到了清代末年，眼镜已经非常普遍，但仍是使用水晶等天然材料为主，镜架笨拙，光度偏差较大。至于科学的验光，对于当时的人们来说，几乎无法想象。

鸦片战争以后，随着外国人大批涌入中国，西方先进的配光技术及新式眼镜逐渐被国人所熟知。西方的镜片以光学玻璃为原料，经技术验光后用机械研磨，

民国时期芙蓉街上的眼镜店

镜架选用轻质金属，主要以近视、散光镜片为主。与之相比，中国旧式眼镜主要是用透明水晶、茶晶、墨晶等材料制作而成，以老花镜和遮阳镜为主。旧式眼镜与新式眼镜的比较，就如同济南古城与商埠相较一样，各有各的道儿，各有各的宿命。

济南的眼镜行业，发端于芙蓉街，最早是由苏州来济的古玩商人销售的。清同治十一年（1872），济南芙蓉街上诞生了第一家眼镜店，名为"一珊号"，1912年又改名为"三仙号"，它曾是济南最大的眼镜铺面。当年的芙蓉街上，还有诸如三山斋、宝明斋、山仙斋、王山斋、大三山、宝华斋等为数众多的眼镜店铺，是生产和销售旧式眼镜的中心。

济南开埠后，出入商埠的摩登人物日益增多，胶济线上的汽笛声好似一个商业信号——商埠需要眼镜店，济南需要新式眼镜。于是，在1917年，中国精益眼镜公司派浙江人徐子刚来济南筹建分店。颇具商业头脑的徐子刚一眼就相中了当时的二马路，也就是现在的经二路。那时，商埠最繁荣的路段是一大马路，但一大马路上以货栈、商行为多，并不是销售眼镜的

精益眼镜店

理想场所。徐子刚将店址选在了零售业为主的经二路上，店铺的全称是"中国精益眼镜股份有限公司济南分公司"，济南人俗称为"精益眼镜店"。这家眼镜店，一开就是100年。

"精益"这个品牌来自上海。清朝光绪末年，有一个叫高德的洋人，看到上海没有用科学方法验目配镜的商店，就开设了一家名为"高德洋行"的眼镜公司，专门经营验光配镜业务，并从国外运来验光仪器、研磨镜片机及新颖的眼镜配件。他招收的技工都要求懂英文，并经

美国函授技术学习合格后，才能上岗。这其中的一个技工，1911年在上海南京路也开了一家西式技术的眼镜店，名为"中国精益眼镜公司"，是仿照美国最大眼镜厂"美国眼镜公司"所起的。这是中国第一家采用西方先进设备及技术配制眼镜的店铺，所以"精益"一直标榜是"中国首创第一家"。当然，在济南，"精益"也是第一家专业的新式眼镜店。

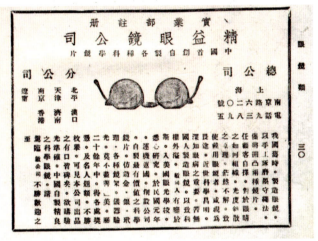

精益眼镜店广告

中国精益眼镜公司注重质量，以良好的商誉享誉全国。它曾在1915年美国旧金山举办的万国博览会上获得奖章，又获中国农商部展览会金奖、华洋物品会金奖、京都出品协会金奖等诸多奖励。许多当时的政要名流，都习惯去精益配制眼镜。精益眼镜店凭借精益求精的质量和周到的服务，很快便占领了全国市场。1912年在武汉和北京开设分店，不久又相继在香港、天津、青岛、济南、沈阳、大连、哈尔滨、南京、苏州、杭州、广州、澳门等全国各大城市都开设了分店。至抗战前，已有18个城市开设了精益眼镜的分支机构。可以说，精益眼镜是国内最早的眼镜连锁行业。

继精益眼镜店开设之后，济南的眼镜行业开始蓬勃发展起来。1918年，

位于上海南京路上的中国精益眼镜公司总店

上海亨得利钟表股份有限公司在济南凤翔街口设立亨得利钟表店。此后，纽约表行、亨得利东号、大西洋钟表眼镜行、亚洲表行相继设立，均以经营钟表为主兼营眼镜。1931年，成立钟表眼镜同业公会，钟表、眼镜两个行业经营户数已达62家。20世纪30年代，祥记钟表材料行、顺昌钟表材料行、大光明钟表眼镜行、美最时钟表眼镜行等相继开业。钟表眼镜行业达73家，从业人员300人。有15家眼镜店集中在经二路、新市场、芙蓉街一带，几家大型钟表店设在经二纬四路和院西大街，修理店多分布在经二路到西门一带。

精益眼镜店的产品质量，在济南新式眼镜行业一直名列前茅。他们率先引进了国外先进的验配技术，全套从美国引进的验配和磨片设备，所有技术人员是在上海经过严格培训的，前店后厂，产销结合。济南精益眼镜店的营业室内，还挂着一幅"精益求精"的题词，这是孙中山为广东精益眼镜店题写的。1917年，时任中华民国海陆军大元帅的孙中山曾到精益眼镜公司广州总店配眼镜。经理唐默林就向孙中山索求墨宝，孙中山专门写了"精益求精"四字赠送。唐默林派人将题词送回上海总店，上海精益眼镜公司又将题词复制，分送各地20余家精益眼镜分支机构，高悬店堂里。1924年，孙中山北上途经上海，还特地去精益眼镜店验配眼镜，这是他最后一次配镜。1982年，这幅题字的原本由精益眼镜公司捐赠给上海孙中山故居纪念馆收藏。

以精益眼镜店为代表的济南眼镜行业，在抗战期间生存较为艰难。日商与华资争利，在亨得利、亚洲、大中华、美达利等商店倾销钟表，钟表眼镜网点发展到大观园、估衣市街、正觉寺街等新商业区。抗日战争胜利后，由于货源短缺，生意萧条，经营难以维持，不少店员离店另立门户，开展钟表修理业务。济南解放前夕，钟表眼镜行业有146户，从业人员489人。济南解放后，钟表眼镜业户陆续增加。1956年公私合营前，以修理为主的钟表眼镜行业达179户，从业人员505人。

1956年，钟表眼镜业中小业户实行公私合营，由42户合并为13户，以修理为主的百余家钟表业户纳入合作商业。济南精益眼镜店自1956年实现公私合营，后转为国营企业，归市百货公司管理。1966年以后，先后改称红星眼镜商店和光明眼镜商店。1975年，称济南百货公司钟表眼镜商店精益眼镜门市部。1981年4月，精益眼镜店从市百货公司钟表眼镜商店中分出，成立济南市精益眼镜公司。1982年，市百货公司所属的钟表眼镜商店并入精益眼镜公司。1983年6月，精益眼镜公司改名为济南市钟表眼镜公司，并在市区新增网点4个，同聊城农商联合公司建立联营网点一处。从1917年到现在，济南精益的配镜质量始终都精益求精，在济南享有较高声誉。

# 孟雒川与鸿记缎店

"金融巨头"开办的信誉企业，繁荣近百年

　　1924 年，瑞蚨祥的资东孟雒（luò）川在经二纬三路开设瑞蚨祥鸿记缎店，售卖洋布、尼龙、绸缎。这座瑞蚨祥新店面是济南第一座采用钢结构的建筑，其钢材是购用修建泺口铁桥剩余的德国钢材。瑞蚨祥鸿记缎店位于经二路路北、纬三路与纬四路之间，地处商埠最繁华路段，是一处三进深的前店后宅建筑。正院临街三层楼房为绸缎店门面房，沿街铺面左右突出两个小间，顶上各有一个方形凉亭，内为二层带平顶钢架罩棚的四合楼。这座新颖的建筑一出现，就成为经二路的标志性建筑之一。

　　1914 年叶春墀所著《济南指南》一书对绸布庄的记述中，位居前三位的瑞蚨祥、庆祥、隆祥都是旧军孟家的"祥"字号门店。该书对茶叶铺的记述中，位居前三位的是春和祥、泉祥和公立信，其中的两家都属旧军孟家"祥"字号。"祥"字号，是对来自章丘县旧军镇孟氏家族企业的统称。孟氏家族在"传"字辈上分化为学恕堂、进修堂、三恕堂、矜恕堂等十大堂号，孟氏家族各堂号共有或独创的企业名号中都有一个"祥"字，故俗称"祥"字号。较为出名的有"八大祥"，即瑞林祥、瑞生祥、瑞增祥、瑞蚨祥、庆祥、隆祥、谦祥益、益和祥。

　　旧军孟家是孟子的第五十五代孙孟子伦的一支，在明朝洪武年间迁至章丘旧军镇。到清代康熙年间，章丘及邻县开始生产土布，北部的辛家寨成为当时有名的集散地，过往商贾络绎不绝，旧军镇由此成为县内有名的大村镇。此时，孟家也开始经营小本生意，并逐渐地积累了一批资本，逐步成为当地的富庶之家。自清乾隆年间起，孟氏家族开始在北京、济南、

民国时期的瑞蚨祥鸿记缎店

孟氏兄弟合影（右一为孟雒川，右二为兄孟继葳，右三为长兄孟继符）

周村等地开办商号。到清嘉庆年间，孟家已有"直隶一集（辛集）、周村一村（周村）"的财东声望。至鸦片战争前后，孟氏家族已拥有绸布店、钱庄、当铺等十余家企业，孟家开设的"祥"字号商铺在全国各地已达96处。清末至民国时期，孟家十大堂号中发展最为突出的两大堂号是矜恕堂和进修堂。至新中国成立前，"祥"字号企业先后开设有130余家，在北京、天津、济南、武汉、哈尔滨、上海、青岛、周村、烟台、保定、郑州、苏州、福州、广州等城市形成一大商业网络和贸易体系，经营内容涉及绸布、茶叶、当铺、银号、杂货、铁货、纸行、药店、染坊、织布厂等多种业态，尤其在绸布、茶叶领域一度处于垄断地位。在孟氏"祥"字号商业中，庆祥、瑞生祥、隆祥的历史最为悠久，商号发展规模以及驰名程度则以瑞蚨祥为最大。

孟雒川（1851—1939），名继笙，字鸿升，"雒川"为其号。孟雒川出生时，孟氏家族企业已分化为十大堂号，其中，孟雒川之父孟传珊为旧军孟氏矜恕堂创立人，其

孟雒川（1851—1939）

118

母高即蕙，出自章丘望族西关高家。孟传珊在世时，曾利用妻子私蓄，先后在周村、济南创立万蚨祥锅店、瑞蚨布店。这两个企业均为矜恕堂独资掌控。通过积累原始资本，清同治元年（1862），矜恕堂独资在济南院西大街创立瑞蚨祥绸缎店。

因为孟雒川幼年丧父，所以瑞蚨祥创立人当为矜恕堂女东主高即蕙。因女性不便抛头露面，济南瑞蚨祥委托孟雒川三伯父孟传延代管。孟传延同时还执掌着瑞生祥、庆祥，这是三恕堂、其恕堂、容恕堂、矜恕堂共有的家族企业。孟传延见孟雒川有经商天赋，便有意识地让他早早参与了孟氏家族的房院修建和年终结账等管理活动。在孟雒川18岁时，孟传延放手让他接管北京庆祥、瑞生祥等企业的经营。孟雒川一生执掌企业近70年，所经营的瑞蚨祥、泉祥等"祥"字号商号，遍布京、沪、津、济、青、烟等大中城市。至1934年，已分别在北平、天津、济南、青岛、烟台、上海等地设立商号达24处，有员工1000余人、房产3000余间，将瑞蚨祥和泉祥做成了全国闻名的品牌字号。

1912年，天津瑞蚨祥因兵变被焚。同年，济南院西大街瑞蚨祥也在兵变中遭受火焚。受此重创后，孟雒川将店址迁至院东大街，建起了更为坚固和华丽的门面，并于1914年重新开张，很快恢复了元气。除瑞蚨祥外，位于济南老城区的庆祥布店是旧军孟家四堂共有之字号，也由孟雒川掌管。清末民初，增加庆祥昌记分号，在1934年分归矜恕堂所有，孟雒川将其改为瑞蚨祥昌记。

位于北京大栅栏的瑞蚨祥（摄于1910年前后）

1924年，孟雒川在经二纬三路开设瑞蚨祥鸿记缎店，商品以洋布、尼龙、绸缎为主。

孟雒川一改旧式自产自销的经营方式，采取经销、代销、包销、拍卖和批零兼营等新的经营方式，以适应新的经济环境和市场的需要。在进货方面灵活多样，瑞蚨祥对市场奇缺商品采取抢购、多购、独卖、多赚的策略。1930年前后，在北京、天津、济南等地，5000元一件的貂褂及上等的玄狐、金丝猴、白狐崽等稀有皮货，大都被瑞蚨祥所垄断，独擅市场，以攫取高额利润。而对品种零星、花色规格多变的商品和新产品，瑞蚨祥则采取勤进小进、多样的办法。对一般货源充足的商品采用随进、随销、细水长流的战术。在进货时间上讲究货赶头先，不让客等货，采取季前备好、季中补号、季末不进只甩货的策略。

过去，济南瑞蚨祥门口左右竖着两块牌子，分别写有"货真价实""童叟无欺"，这八个字就是瑞蚨祥的经营方针。一般绸布店价格都是抬高价格，让顾客可以讨价还价，而瑞蚨祥则不同。瑞蚨祥虽不能讨价还价，但价格的确很公道，而且质量又好。瑞蚨祥还实行"卖布放尺"的"促销"措施，即顾客买一尺，商店给一尺一寸，顾客要一丈，商店给一丈一尺。为此，瑞蚨祥还特制了一种量布尺，比标准尺多出一寸。在门店里，顾客只要一进门，前柜首先站起来打招呼。店员接着跟上来，店员不能一见顾客就问买什么，要陪着顾客看，顾客停留在哪里，让其坐下，再问买什么，一个顾客进门有一个店员陪到底，直至送出店门。店员为顾客取货要先取中档货，顾客嫌次再拿好货，先拿好货顾客买不起而受窘，名为"拿顶了"，拿顶了即为失职。店员不准与顾客吵嘴，吵嘴即犯铺规，对无理取闹者，也要耐心使之化为祥和。顾客出门，店员要送至前柜，前

瑞蚨祥特制的加长尺

民国时期的瑞蚨祥绸缎店

柜要站起来点头送行。孟雒川用严格的店规约束店员的言谈举止，使每一位顾客乘兴而来、满意而去。

1912年，孟雒川调北京瑞蚨祥一分号掌柜陈吉人来济南任经理。陈吉人任济南瑞蚨祥经理以后，将外甥孟荫轩提升为副经理。孟荫轩自恃是东家的本族，飞扬跋扈，处处争权夺利，排挤陈吉人。陈死后，孟荫轩升任经理，之后又兼任济南地区总理。

1925年，奉系军阀张宗昌督鲁期间，以章丘县长报告孟华峰（孟雒川侄子）侵吞地方公款为由，乘机向孟雒川问罪，借此向孟家索要军饷20万元，孟雒川闻讯离开济南，携家小避往天津英租界。孟雒川离开济南后，孟荫轩趁机肆无忌惮地培植亲信，打击异己。

1926年，张宗昌的一个飞豹队队员到瑞蚨祥鸿记买东西，寻衅滋事，打了分店经理史彤雯并捣毁柜台玻璃，店员痛击了行凶者。这下惹了大祸，飞豹队旋即包围了鸿记分店。史彤雯与飞豹队来人据理交涉，在警察署的调解下和平解决。孟荫轩就此写信报告给远在天津的孟雒川，说史彤雯胆大妄为，给瑞蚨祥招灾惹祸，建议叫济南地区全局副总理孟访溪迁居鸿记

民国时期的经二路（右侧建筑即瑞蚨祥鸿记绸缎店）

分店坐镇。孟雒川听信孟荫轩的谗言，调走了孟访溪，打击了史彤雯，达到了孟荫轩一人独大的目的。济南"五三惨案"后，孟荫轩出任维持会长，生活日趋奢靡。孟雒川远居天津，鞭长莫及，济南瑞蚨祥的经营江河日下。

1928年4月底，国民革命军北上，张宗昌败走济南，孟雒川原本以为盼来了重返故乡的机会，可当年却发生了土匪张鸣九祸乱章丘之事。1929年，旧军孟家等章丘名门望族恳请孙殿英部翦除土匪张鸣九，孙殿英一面乘机收编张匪，一面夜袭旧军镇，对孟家大肆抢掠后又放火烧毁了矜恕堂等几大堂号的宅院。此事发生后，孟雒川决意终老他乡，不再重返济南。

1940年，日本人对经济实行全面控制，按行业系统成立"经济组合"，绸布业最先成立了这一组织，勒令一切绸缎店将存货全部陈报。瑞蚨祥由于漏报了货架上的零货，被日本宪兵查获一掠而去，后虽发还一部分，但损失相当严重。将存货全部陈报后，又限令定价，名曰"自肃价"，不得囤积，不准涨价。进销多少及其价格须逐日陈报。由于物价不断上涨，自肃价常落后于市价。因此，市民都向瑞蚨祥抢购，瑞蚨祥明知吃亏但不敢不售。几天之后，大量棉布被抢购一空，而货源控制在"经济组合"手中，卖下的货款常常多日买不进货来，形成低价售出，高价买入，流通资金就这样渐渐损失殆尽了。这一时期，瑞蚨祥鸿记的经理高苣泉还曾被日本宪兵抓去，说他与国民党警察局长王达有政治关系，横遭折磨。

　　纵观孟雒川的一生，除了打造商业帝国外，他还多次经办慈善和公益事业，诸如立社仓、修文庙、设义学、经理书院、捐衣施粥、捐资协修《山东通志》等。孟雒川善于结交权贵，清代福润任山东巡抚期间，就曾为他奏准江苏即用候补道之职。光绪二十五年（1899）山东受灾，巡抚毓贤委孟雒川为平粜局总办，孟雒川与其兄孟继箴认赈巨款，毓贤为其奏准知府补用道二品顶戴。1905 年，孟雒川参与组建济南商务总会。光绪三十四年（1908）山东劝业道成立后，任命孟雒川为济南商务总会协理。端方任两江总督期间，为孟雒川奏准头品顶戴，朝廷还诰封其为奉直大夫、诰授为光禄大夫。1914 年 7 月 18 日，袁世凯任命孟雒川为参政院参政。晚年孟雒川无力

泉祥鸿记茶庄第一支店礼券

驾驭诸代理人，各店号走向萧条。1939 年 9 月 7 日，孟雒川病逝于天津。

除了瑞蚨祥外，孟雒川在经二路上还开办过另一个著名"祥"字号泉祥茶庄。泉祥隶属矜恕堂，约在道光年间，泉祥茶庄首创于周村，是一家历史悠久、资金雄厚、支店林立的大商号。光绪二十二年（1896），孟雒川将泉祥老号由周村迁至济南估衣市街。泉祥初创时，主要经营杂货，兼做茶叶生意，后扩大茶叶经营，转为专营茶叶。泉祥茶庄每年正月十六都要派人到安徽、福建、江苏、浙江几个省收茶叶，就地生产加工，派驻外地的业务员一年中大概 8 个月都在茶叶产区。清末民初，泉祥在周村、济南、青岛、烟台、天津、北京设十余分店，并在杭州、苏州、徽州、福建、祁门、六安等地设茶厂。

20 世纪初，泉祥茶庄在济南率先实行了总经理制，管理日趋先进，茶叶销售量有了大幅提升。济南长期为泉祥大本营，除西关估衣市街有泉祥茶庄老号外，还在经二纬三路设泉祥西号，院东大街设泉祥鸿记东号，院西大街设鸿记茶栈。泉祥西号店址即位于瑞蚨祥鸿记缎店东邻，为五开间二层门面房。日伪时期，院西大街鸿记茶栈也迁到商埠，位于经二纬五路，改称"泉祥鸿记茶庄第一支店"。日伪时期，曾限制南茶北销，泉祥茶庄业务经营日趋萧条。后被日方冻结了在银行的巨额存款，每星期只能提出 500 元，致使资金不能周转，损失惨重。泉祥茶庄在新中国成立前，经济实力已经消耗殆尽，奄奄一息。新中国成立后，在保护民族工商业政策的扶植下，泉祥茶庄的业务才有所恢复。

1950 年，瑞蚨祥鸿记缎店张灯结彩迎接国庆

1954 年前后，瑞蚨祥和同为"祥"字号的隆祥布店实行了公私合营。1958 年，人民政府调整商业网点，将院西大街（今泉城路中段）瑞蚨祥并入了隆祥布店，将经二纬五路隆祥布店西号并入瑞蚨祥鸿记缎店。

如今的瑞蚨祥绸布店

# 孟养轩与隆祥布店

同为"祥"字号产业，可与瑞蚨祥分庭抗礼

在经二路上，瑞蚨祥鸿记缎店并不是一家独大，与其分庭抗礼的是同为旧军孟家"祥"字号的隆祥布店。

昔日济南的"祥"字号店铺，多为章丘旧军孟氏家族所创办。在孟氏家族内，各分支创办的实业自成系统，互不统属。隆祥布店开办于清乾隆年间，创办人是孟兴泰，早期的隆祥商号并非专营布匹，而是经营杂货，后来因收购章丘及邻县盛产的土布获利颇丰，改为专营布匹绸缎。孟兴泰有两个儿子：长子孟毓溪，堂号进修堂；次子孟毓湄，堂号慎余堂。早期的隆祥为进修堂和慎余堂所共有。道光年间，进修堂和慎余堂因为多种原因闹开了矛盾，隆祥的经营也出现起伏。咸丰年间，两堂打了三年多的官司，导致矛盾更加激化，慎余堂因之撤资自立门户，隆祥便为进修堂所独有。隆祥布店经营的布匹，早先是从章丘设庄收购的寨子布，运抵济南再行销售，后来不断发展至经销各种布匹。

慎余堂撤资后，隆祥布店的经营曾较长时间陷入被动，其东家索性将其委托给同为自家所有的谦祥益绸布庄代管。谦祥益与瑞蚨祥都是驰名海内外的中华老字号，有谦祥益的地方，必有瑞蚨祥，有瑞蚨祥的地方，也必有谦祥益。谦祥益代管隆祥之后，将业务范围不断扩大，绸缎、呢绒、棉布、皮货、绣品、成衣等皆有经销，隆祥布店由此摆脱了困境，并逐渐发展壮大起来。

济南隆祥布店创立于清咸丰年间，位于西门大街，隆祥划归进修堂独资经营后，与主营绸布的谦祥益和主营茶叶的鸿祥同属进修堂旗下的著名

民国时期的隆祥布店西号（右侧）

字号。1917 年，隆祥老号又在院西大街设立隆祥东记，隆祥两号与济南老城的瑞蚨祥、庆祥呈对等竞争态势。1920 年前后，孟毓溪之孙、进修堂少东孟养轩成为家族企业掌门人。

孟养轩（1891—1955）

孟养轩（1891—1955），名广宦，是孟继顗的独子。孟养轩比孟雒川小 42 岁，按辈分说，是孟雒川的族侄。孟养轩成年后，娶妻陈氏，陈氏祖父陈钦（山东济南人）清末在天津任海关道台。孟养轩执掌进修堂后，谦祥益有了极大的发展和壮

隆祥布店东记（摄于 20 世纪 80 年代）

大。在天津，谦祥益保记和辰记两号，效益之高，一度超过同市的瑞蚨祥。在汉口，谦祥益连起三号，借助水陆交通便利之势，经营日盛，店员多达 300 多人。在济南，进修堂也不断扩大生意，盛衰兴替时消时长，其鼎盛时期是 20 世纪 30 年代前期，当时仅棉布库存就有 4 万匹，这在济南同行业中居于首位。

隆祥布店招聘店员，要求知根知底。他们的做法是熟人推荐，因为这样做，推荐者也就有了连带责任。隆祥对店员的要求非常高，不仅要五官端正，而且言行举止都要符合文明礼仪。拟被招聘的店员还要面见东家，得到东家首肯后才能被聘用。新人入店后，要从勤杂工做起，时间长短因人而异，或一年半载，或三年两年，待到其熟悉和掌握了规章制度和业务知识后，才能站柜台，成为营业员。隆祥布店要求店员要敬重客人，顾客进门时热情招呼、相迎，顾客购物百拿不烦、百挑不厌，向顾客介绍货物特色时态度和蔼，顾客离店时将其送至门外。同时，他们还有个不成文的规定，顾客如果空手而去，即要分析原因，以图改进服务。

20 世纪 20 年代初期，济南城内及商埠地区，曾有多达上百家布店，但多数店家因是小本经营，大都是从本市批发庄进货，无力到产地购货，所以在其经销的布匹中，花色、品种难免有缺憾，在竞争中逐渐被淘汰在所难免。至20世纪30年代初，济南的布匹商家仅剩下瑞蚨祥、经文、山成玉、源兴成等为数不多的十几家，隆祥便成为瑞蚨祥的主要竞争对手。

1930年，孟养轩在经二路增设隆祥西号。隆祥西号店面高大，坐南朝北，为二进深的前店后院建筑，北沿经二路为二层营业厅（局部三层），南为一个两层的三合楼。营业厅为五开间，中间的三开间内凹，前有连接东西两端的木制挂落，雕工精细，京味十足。营业厅正中为通高共享中厅，环以柱廊，日光自顶部射入，光线充足，地面还铺有进口花缸砖。隆祥西号就开在经二纬五路，即位于经二纬三路的瑞蚨祥鸿记缎店斜对过，直接叫板瑞蚨祥鸿记缎店。

1930年秋，隆祥和瑞蚨祥都进了不少从日本进口的外路货，叫作"七美"牌哔叽。这种布物美价廉，为中下层人士所喜爱。隆祥一改"祥"字号不公开减价的陈规，公开登报宣传，日销售额猛增。为了争夺客源，隆祥和瑞蚨祥大打价格战，从每尺2角2分，一直降到了1角6分8厘，这价格已经完全是亏本经营。为了打击对方，双方甚至还派出人员去对方店里套购。1934年，隆祥在老号门前搭建起牌楼开展促销活动，并印发广告四处张贴、散发，其营业额得以猛增，呈现出超越瑞蚨祥的态势。之后，他们再接再厉，于次年翻建了隆祥布店老号。初春动工，夏末落成，初秋开张。开张后的隆祥老号，不仅经销布匹，而且还增设了金柜和百货柜，

建立了作坊，自制和加工金银首饰和银牌、银盾、钻石、珠宝等。开张首日营业额达到1.3万余元，而后很长时间都维持在日销售额万元左右，由此，隆祥布店便发展成为济南同行业的佼

隆祥布店西号

佼者，并逐渐名扬省内外。

隆祥与瑞蚨祥的竞争持续了六年之久，其间虽然击垮了不少商家，但自身也受到了重大损失。全面抗战爆发前夕，为了避免两败俱伤，隆祥与瑞蚨祥被迫召集同业开会，议定统一价格，罢战言和。

济南鸿祥茶庄茶叶盒（左）、济南泉祥茶庄茶叶盒（右）

1937年日军占领济南后，民族企业备受歧视，日伪政府规定隆祥布店只准出售货物，不准买进货物，隆祥开始走下坡路。接着，抗日战争全面爆发，店员的生活受到影响，偷盗之风横行，货物经常不翼而飞，隆祥布店走向了崩溃的边缘。直到济南解放后，才又逐渐恢复了生机。

除隆祥布店外，孟养轩还在济南创办了鸿祥茶庄。辛亥革命之后，零售洋布的商号林立，竞争激烈，导致利润降低，谦祥益受到压制。孟养轩因势利导，一方面将谦祥益周村母号迁移到北京，一方面决定部分字号转营茶叶。1930年，以济南鸿祥皮货店为基础，开设了鸿祥茶庄，同年又在济南普利街开设鸿祥茶庄西号。鸿祥茶庄新建门市楼五间，门面宏丽，内设堂皇，货源丰富，货品新颖，开业伊始即有压倒泉祥之势。鸿祥茶庄的兴起，正如虎口夺食，引起孟氏矜恕堂泉祥茶庄和三恕堂春和祥茶庄的极大不满。泉祥茶庄资东孟雏川恼羞成怒，准备与鸿祥茶庄打一场价格战。泉祥茶庄的经理人对鸿祥开业极为重视，从各地紧急调来了新货充实货源，准备在鸿祥开业揭幕时给以沉重打击。当时，鸿祥茶庄西面有西关估衣市街泉祥老号，东面有院东大街的泉祥东号，泉祥茶庄试图运用丰富的经营经验，东堵西截，让鸿祥茶庄处于泉祥的包围中。同时，泉祥茶庄又在鸿

孟养轩在天津的住宅旧址

祥茶庄的对过开了一家鸿记茶栈，与其正面竞争，抢夺顾客。与泉祥茶庄的长期对立，使鸿祥茶庄的业务逐步萧条。济南沦陷后，日伪当局限制江南茶叶输入济南市场，鸿祥茶庄勉强维持。抗战胜利后，鸿祥茶庄的经营难以维系，日薄西山。

孟养轩晚年寓居天津，不善交际，只爱斗蛐蛐，经常找对手斗蛐蛐赌输赢，以取其乐。1955 年，一代名商孟养轩病逝于天津。

20 世纪 50 年代，隆祥布店和鸿祥茶庄都实现了公私合营。1958 年，就近调整商业网点，位于商埠的隆祥布店西号并入了瑞蚨祥鸿记绸店，而位于老城内的瑞蚨祥则并入了隆祥布店。如今，隆祥布店虽然在经二路消失，但其建筑在原址尚存。改革开放后，曾先后为济南市土产杂品公司营业部、炊事器材机械公司使用，十多年前改为一家宾馆使用，原来的木制挂落经改造，已失去昔日风韵。2000 年，隆祥布店西号旧址和瑞蚨祥鸿记缎店旧址同时被公布为山东省级历史优秀建筑。2013 年，隆祥布店西号旧址和瑞蚨祥鸿记缎店旧址又同时被公布为山东省级文物保护单位。

# 乐镜宇与宏济堂药店

与北京同仁堂一脉两支的百年老字号

宏济堂药店创办于光绪三十三年（1907），与北京同仁堂一脉两支，是济南市现存的罕有的百年企业。宏济堂药店总号设在老城内的院东大街上，而宏济堂西号、中号两个支店则都设在商埠，宏济堂西号（第一支店）设在经二纬五路，宏济堂中号（第二支店）设在经二纬一路。

济南宏济堂药店的创始人名为乐镜宇。乐镜宇（1872—1954），名达聪，字铎，号镜宇，北京市人。乐家祖籍浙江，其先世于清康熙年间为经营药业移居北京，创设同仁堂于正阳门外。至清道光年间，同仁堂声誉日隆，远

乐镜宇（1872—1954）

近皆知。乐镜宇是北京同仁堂乐氏家族第十二代孙，也是同仁堂当时的店主乐朴斋的第三房侄子。乐镜宇这一辈四房共有兄弟17人，在众兄弟中乐镜宇最不被父兄们看好。乐朴斋曾对乐镜宇说："将来不许你动草字头（指药业），这行饭你吃不了。"乐镜宇反而下定做药材行的决心，私下向同仁堂的老职工请教，潜心学医，练就了一身过硬的本领。

乐镜宇30岁时，乐朴斋给乐镜宇捐了一个山东候补道台。于是光绪

二十八年（1902）乐镜宇来到济南，时任山东巡抚的杨士骧对乐镜宇十分赏识，于 1904 年拨官银 2000 两交其筹办山东官药局并担任总办。1907 年，杨士骧因成立官药局违犯清朝律例被参，后被调离山东。乐镜宇于同年以官银两千元的价格取得山东官药局的所有权，取"宏业济民"之意，更名为"宏济堂"。

乐镜宇留用原官药局的经理沈锡五任经理，不久又从北京同仁堂老职工中调来刘瀛洲，取代沈锡五的经理职务。宏济堂开业初，营业不振，每天销售额不过几吊铜元。因缴还官款时取贷的外债还不上，资金短少，许多珍贵药品如犀羚解毒丸、羚翘解毒丸等，都无力购料配制。直至 1921 年才偿清欠债，得以大批购进珍贵原料，营业随之逐渐好转，逐步进入大发展时期。

宏济堂的兴旺，少不了自制阿胶的功劳。最初，宏济堂的药品与乐氏家族经营的几家药店基本相同，乐镜宇便大胆创新、另辟蹊径，改良了阿胶的加工工艺。乐镜宇将原来阿胶三昼夜熬制延长为九昼夜精炼，清除了阿胶原有的腥臭味，所产阿胶清香甜润，阿胶也成了宏济堂的名品。1909 年，乐镜宇在济南西关外东流水街建宏济堂阿胶厂。阿胶厂占地二亩八分一厘，修建厂房 36 间、营业室 7 间、宿舍 9 间，经理为钱宝亨。当时生产的阿胶分为"福、禄、寿、财、喜"五字胶和精研、墨锭、极品、亮十六块、亮三十二块、黑十六块、黑三十二块等不同型号共 12 种，年产阿胶 5000 公斤，阿胶市场几为

宏济堂老号（摄于 20 世纪 50 年代）

宏济堂阿胶厂

宏济堂所独占。1914年，获山东省展览会"最优等金牌"褒扬。1915年，获巴拿马国际商品博览会"优等金牌"和"一等银牌"。1933年，获国家铁道实业部颁发的"超等"奖状。

1911年，乐镜宇在舜皇庙街建立了宏济堂栈房，为药店提供生产。1922年，又筹集银元13500元，在榜棚街购置房产，并改造成宏济堂栈房。新栈房共有房屋100多间，其中仓库84间，宿舍23间，占地六亩零五厘。宏济堂最初的店址，在济南老城内的院西大街。1916年，宏济堂总店在兵变中被焚毁，遂迁至院东大街县西巷口继续营业。

随着宏济堂生意的发展，1920年，宏济堂斥资重建了老号店面。老号三进院落，两座二层楼，前店后坊，工商一体。店前东西两照壁瓷砖上有金字隶书阿胶广告。门面效仿北京大栅（shi）栏同仁堂老店形式，厅堂高大，上部周边饰有以各种名贵中药材为题材的镂空木雕。此后，乐镜宇又先后在经二纬五路、经二纬一路建立了两家支店。

1920年8月，宏济堂在经二纬五路开设第一支店，亦称宏济堂西号。乐镜宇出资银元9500元购地一亩整，修建二层楼房二座40间，440多平方米。修建样式与总店相似，另有平房13间。在主楼正门金色字体的"宏济堂"招牌旁，从左至右四块石质匾额分别刻着"法尊岐伯""韩康遁迹""抱朴游仙""采授桐君"。

1934年，乐镜宇又出资银元1800元，在经二纬一路购地四分七厘三毫筹办二支店。次年，建成二层楼房10间，有470多平方米。1935年8月，宏济堂第二支店(也称宏济堂阿胶庄，即宏济堂中号)在这里正式开门营业。

此时的宏济堂规模达到"三店两厂"，员工120余人，"名满济南，

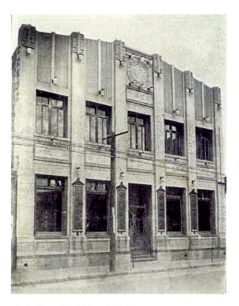 

宏济堂西号（第一支店）　　　　　　　宏济堂中号（第二支店）

宏济堂老号

盖无出其右者"。当年，宏济堂堂厅上曾悬挂着"但愿天下人无病，哪怕架上药蒙尘"的匾牌。主柜之上，悬挂着五把颜色不同的锡壶，寓意"悬壶济世"，壶中是宏济堂根据一年四季流行病不同，专为穷苦百姓准备的时令成药。每个用药者可以根据经济情况随意向无人看管的钱柜中投钱，无钱者可以免费取药。

不同于当时一般的资方与经理人的关系，资东乐镜宇自任宏济堂的总经理，直接负责企业的管理经营，聘任的经理人只负责企业中的日常事务，资东可随时解除经理人工作，盈利分配、人事安排，也均由资东决定。在经营上，凡是在宏济堂工作的店员，均要熟背《药性赋》《大医精诚》《黄帝内经》等，以提高技艺、修养品行，强调不仅要学做买卖养家，还要学做人、学仁术。宏济堂有著名的"五不要"：不孝敬父母者不要，不忠实朋友者不要，对人无礼者不要，不讲信誉者不要，不讲仁义者不要。因此，在宏济堂做事的店员和学徒都是品德、技艺双高，宏济堂的名医辈出。

乐镜宇始终坚持"炮制虽繁必不敢省人工，品味虽贵必不敢减物力"的家传规矩，宏济堂所有药物的配方、选料、炮制等，皆遵循北京同仁堂老店。在原料的采购中，能使药材批发商不敢以假充真，用次的顶替好的。对于产地真伪，能立行鉴别，真正做到采用上等地道药材。对药料也有严格的规格标准，如参茸丸中所用的人参一定得用野山参。宏济堂的药品种类多，可说是膏、丹、丸、散、饮片等无所不备。它所生产的成药，都是遵照北京同仁堂的配方炮制，技师和工人，也都是从北京同仁堂聘请来的，连包装纸和说明书都沿用老号样式印刷。用户抓药后分包、分号，由老店员核验、盖章放行。

宏济堂开设了西号之后，开始印制宏济堂自己的成药说明书，共计500余种。宏济堂自造的药品众多，乐镜宇将各种成药编成了《宏济堂药目》，"凡各地代销或批购它的药物，都赠送一本，以收宣传推销之效"。《宏济堂药目》于1923年完成，集中介绍了当时多种流行疾病症状及治疗配方，是当时山东省内及黄河下游一带颇为知名的中药药目。乐镜宇先后请数位当时的风流人物提前为此书作序，这其中包括时任山东巡抚杨士骧、两朝

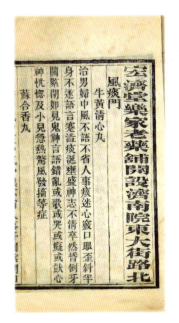

宏济堂成药说明书

宏济堂药目　　　宏济堂门店使用的药料罐　　宏济堂门店使用的铜药臼

帝师和前清状元陆润庠、曾任山东都督府内部司司长杨晟、乐镜宇姻亲侄子李葆良等人。

宏济堂在岁月的历练中不断成熟，不断壮大，最盛时可与北京同仁堂、天津达仁堂齐名，号称"江北三大名堂"。

济南解放时，乐镜宇已年逾古稀，常住北京。新中国成立初期，乐镜宇的孙子乐芝田成了宏济堂的资方接班人。1955年7月，经人民政府批准，宏济堂纳入公私合营企业，为宏济堂药厂。当时核资额是28万元，康元祥任公方经理，乐芝田是副经理。1957年，原属宏济堂药厂的三个药店移交济南市药材公司，自此厂店分离。1960年3月，宏济堂、艮一堂、永昌制药厂和济南阿胶厂等30多家药厂合并为济南公私合营宏济堂制药厂。至20世纪60年代中期，药厂已有职工400多人，产值达400余万元，当时为济南市唯一的中成药制造厂。此后，宏济堂制药厂又几经改名。1966年9月，宏济堂制药厂改名为济南人民制药厂，1980年4月改名为山东济南中药厂。1999年3月，改制为济南神方中药有限责任公司。

拆迁前的宏济堂老号

宏济堂老号门前的照壁

同年 7 月，名称变更为济南宏济堂制药有限责任公司，恢复"宏济堂"名号。过去宏济堂的门店已成为济南药业集团的一部分，2005 年，济南药业集团改制组建山东宏济堂医药有限公司。

重建后的宏济堂中号

如今，宏济堂的三家门店中，泉城路上的宏济堂总店 1996 年被拆除，位于商埠的宏济堂西号、中号则仍可以看到。

位于经二路 281 号的原宏济堂西号，建筑造型简洁大方、线条挺拔、中西合璧，是济南市开埠百年来老商埠区内保存较完整、最具有代表性的历史建筑之一。2008 年根据经二路扩宽的需要，实现平移保护，将这座历史建筑先向北平移 11.6 米，旋转 3.8 度后，北楼再向东平移 15.4 米，南楼向东平移 16.25 米，平移到新位置后，将楼体整体抬升 0.4 米，形成了今天所见的布局。如今，这里已成为济南宏济堂博物馆。

位于经二纬一路的原宏济堂中号，公私合营后被改成了宏伟药店，1994 年曾发生过一次火灾。2008 年拆除，于附近的民康街 24 号易地重建。

# 韩立民与惠东药房

留学生开办的西药店，决心用中国原料制造药品推销世界

　　20世纪20年代，毕业于齐鲁大学的张执符任潍县基督教会乐道院医院院长。此后不久，他与表弟魏子宜在潍县城内创办惠东药房。由于经营有方，惠东药房陆续在青岛、西安、成都、兰州等地设立分号。此时，恰逢另一位齐鲁大学毕业生韩立民从英国留学回到济南，在经二纬二路开设了立民医院，因技术精湛，很快取得良好的社会信誉。于是，二人决定联起手来，在立民医院原址开设山东惠东大药房济南营业部（后在该址设惠东医院）。张执符投资8000元，韩立民投资7000元，由韩立民任药房经理，负责该店在济南的经营。

　　清光绪十六年（1890），美国传教士在济南东门外华美街（现兴华街）设立华美医院，济南始有西医药。济南西药零售店的出现，则是在民国改元之后。济南市区第一个西药房，是1913年于大布政司街12号开业的齐鲁药房。同年，上海五洲大药房在院西大街（现泉

惠东药房

城路）设支店，经营西药，推销自产人造自来血等成药及固本药皂。1919 年，济南有西药房 11 处。1936 年，市区西药房发展到 91 处，从业人员 300 人。1943 年，市区有西药房 105 处，从业人员 530 人。伴随着各业户之间的竞

惠东药房 1933 年建成的营业大楼

争，业内逐渐分为上海帮、当地帮、天津帮、章丘帮、神字帮和潍县帮。惠东大药房便是潍县帮的代表，该药房异军突起，几年内成为业内执牛耳者。

惠东药房既经营西药、医疗器械，又附设医院诊病配方，前店后厂，制造本牌成药，如皮肤全治水、伊尔氏淋浊丸、白松糖浆等 50 余种。不同于洋人卖西药，中国商人卖西药总是要弱化"西药"这个概念，惠东药房济南营业部曾做过这样一则广告："我们现在的营业，是贩卖药品和医疗器械；我们将来的出品发展，是自制出品；我们最后的目的，是以中国原料制造中国成品推销世界。"那时，大部分的西药品种是无法实现国产的，为化解尴尬，就不免要展望一下美好的未来，夹带着"情怀"一起出售。

1933 年，惠东药房在经二纬三路购置地皮自建楼房。在建楼期间，工地上竖起醒目的广告牌，上写"惠东药房建筑部，电话六七六"。据说上海、天津等外埠药厂来济联系业务时，见此情景，都视惠东大药房为资本雄厚之企业，这为该药房开展业务做好了铺垫。其实，惠东大药房当时买地、建楼之钱都是韩立民利用自己的信誉和地位贷款而来。在药房大楼接近竣工时，韩立民又向津沪药厂赊进了大批药品和医疗器械。

韩立民善于交际，与济南地面上的官僚资本家和政界当权者以及洋行、银行经理人关系密切，诸如中国、交通、民生三银行行长，山东省财政厅

厅长王向荣，教育厅厅长何思源等人，据说都是韩立民的座上客。1933年12月25日，惠东大药房迁入新址营业。开业当天，向前来参观者每人赠送日历一册，这在当时是一个创举，因此顾客络绎不绝。至晚，灯火辉煌，盛极一时。山东省政府主席韩复榘的夫人高艺珍、省会警察局局长王恺如均如约来参观。第三路军参

惠东大药房广告

谋长刘书香的夫人还来住院，使该药房备受省城军政要人瞩目。1934年，通过结交第三路军军医处长，惠东药房一次就兜揽了3.2万元的生意，盈余7000余元。新药房经营一年后，银行贷款全部还清。此后的三年，惠东药房继续包揽第三路军药品的供应。

有一次，韩立民向德商代理店济南谦信洋行购狮牌药品，该洋行给的折扣很少，双方没有达成交易。韩立民转而通过日本买到一批德国拜耳药厂的转口药品，价格反而比谦信洋行的报价低得多。谦信洋行受此挫折，此后不得不给惠东药房以优惠折扣。

1935年，韩立民赴西安，就任全国经济委员会西北卫生处处长。惠东药房改由张冠三接任。张冠三精通业务，经营有方，使本牌成药销路日广，批发零售业务增多，利润也急剧增长。惠东药房一跃成为济南首屈一指的大药房。1937年底，济南沦陷。此后，日本商人看到惠东药房营业地址、建筑设备都很优越，便采取各种手段欲强行霸占。惠东药房经德国领事馆秘书刘遗民介绍，馈送德国商人史瓦德曼5000元，挂上了"德商威廉洋行"的招牌，才得以幸存。该药房始终未与日商合作，但在经营方面，不得不缩小范围，增添德国产品。抗战胜利后，惠东药房恢复营业，但因库存空虚，失去竞争能力。

在惠东药房走向没落之时，另一家名为济南亚东药房的西药房却绝处

逢生，实现二次腾飞。济南亚东药房也属于潍县帮，是潍县亚东药房的分号。潍县亚东药房开业于1924年左右，由当地人丁麦卿创建，是一个合伙投资的企业。资本并不甚丰，但由于善于经营，且对股东谦虚，对伙友不吝待遇，又因当时是一种新型商业，故利润较厚，发展甚快。初营门市，即制成药20余种，推销各省，很为可观。

1933年秋，位于济南经二纬四路的美达利眼镜行歇业。丁麦卿将眼镜行旧址租赁下来，开设潍县亚东药房的分号济南亚东药房，丁麦卿任经理，张连甲、张子明等辅佐。1934年旧历正月，济南亚东药房正式开业。济南亚东药房没有固定的流动资金，从潍县总号拨了一部分款来，发来一部分自制药品，就开业了，需要款项时就到银号贷款。潍济两家药房一本账，每到年终把济南的账目合并于潍号一并核算，两店交换的货物单独记账。

亚东药房以门市零售为主，兼做批发，也制成药推销各地。当时，商埠地带东有惠东药房，西有神州、五洲等大药房，城里则有五洲、东亚等大药房，都是资本较丰、开业年久、药品齐全的药房。亚东药房开业时间较短，资本也不如这几家药房。丁麦卿扬长避短，经常研究各大药房的经营方法及其销售价格，优则效之，劣则弃之，因而很快打开了门市营业的局面。亚东药房门市以推销自制成药为主，其次是经营中外名牌成药。因为自制成药成本低，获利较为丰厚。丁麦卿为了自制

济南亚东药房

民国时期的亚东药房（左侧）

成药，培养其三弟丁书礼进济南齐鲁大学药科学习。丁书礼毕业后，任亚东药房药剂师。济南亚东药房不但能自制成药，也能制造酊剂、糖浆等药品。亚东药房自制成药 20 余种，除在本省各县销售外，还推销到河南、安徽、河北、山西、陕西、甘肃、绥远各省，发展迅速。

亚东药房的批发业务，则以医院为主要供应对象，按期派人到各大医院包揽生意。多以赊销的办法，每月终齐账。本药房没有的品类，亦代顾客到外地采购。赊销和代购的办法，深受客户欢迎。

济南被日军侵占后，亚东药房的经营日趋衰落。经理丁麦卿无心经营，自制成药不易推销，批发业务逐渐零落，仅靠门市的零售经营，大有入不敷出之势。至 1944 年底，丁麦卿将潍济两处亚东药房同时歇业。

1945 年春，济南、潍县两处亚东药房分别由陈天民和张连甲另行组东，接续亚东药房的字号，留下店内的垫底和商品。济南亚东药房添加了"信记"字号，潍县亚东药房添加了"诚记"，以示区别。济南亚东药房信记，于 1946 年元月正式立账，总股定为 160 股，每股法币 5 元，合计 800

民国时期的经二路

元，以合同式兼发股票交与各股东为执。陈天民任经理，胡春霖、王润生为副经理，其他人员多是原店的伙友，还招收学员数名。亚东药房信记虽然资本小、人员少，基础薄弱，但终于冲破重重困难，以至后来成为本行业中营业额最高的一家。

亚东药房信记不再自制成药，而是以门市零售为主，兼营批发业务。对进货和销售，本着货色齐全、薄利多销、为顾客提供方便的原则来安排。日本投降前夕，亚东药房从青岛低价购进1000桶凡士林，由于物价上涨而发了一笔大财。在资金充足的情况下，陈天民采取了样多量少、勤进勤销、薄利多销、诚信经营等得力措施，复业不久就成为同行业中营业额最多、知名度最高的一家。

1940年起，日伪政权禁止西药运销抗日根据地，民族资本西药商经营困难，纷纷裁减店员。1942年，上海产消治龙、新惜花散、仙法龙、新消梅素等新药投放济南市场，西药业呈现回升态势。1946年，美国产盘尼西林、磺胺类药品涌入市区，无力经营进口药品的私营西药商步履维艰、惨淡经营。

济南解放以后，惠东药房、亚东药房在人民政府保护民族工商业政策的指引下，业务迅速恢复。1950年，惠东药房、亚东药房等12个私营药房成立新药业第一个联购组，实行统一采购分户销售。1954年，惠东药房、亚东药房转业。

# 新市场

济南平民百姓的游乐园，开济南新式市场营建之先河

　　济南有句俗话，是这么说的："南岗子吃饭，北岗子下店。"过去，普利门外往西，快到了纬一路这片，有两个土岗，塘子街往北至小纬北路一带是"北岗子"，往南就是"南岗子"。为什么要在"北岗子下店"呢？因为在民国时期，那里都是廉价旅社和低等妓院。住店之前得吃饭、听书、泡澡啊，那就要去南岗子了，因为这里还有另外一个称呼——新市场。

　　开埠前，南岗子、北岗子一带都是坟地，又有一部分安徽义地，济南人管这里叫"乱葬岗子"。开埠后，就在老百姓还没闹明白"商埠"是什么、能带来什么利益的时候，袁世凯的嫡系军阀张怀芝看中了南岗子一带25亩大小的荒地，它北接经二路，南至魏家庄，西邻纬一路，东近普利门。这块地虽然荒冢累累，但它正处在老城与新辟商埠之间，紧邻火车站，是老城去往火车站的必经之路，实打实的黄金地段。张怀芝以极低的价格买下了这块地，建起了市场，因为不同于旧式市集只在"集日"营业，所以老百姓直呼其为"新市场"。

　　说起张怀芝，济南人首先想到的就是万竹园，那是张怀芝辞职闲居济南时耗巨资兴建的私人宅邸。除了万竹园，张

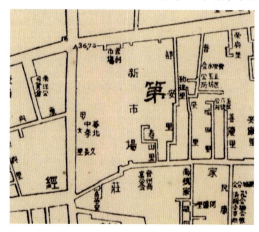

1933 年地图上的新市场

怀芝在济南还有许多产业，在万竹园完工前，他在魏家庄同生里建造过"松菊花园"，1920年9月，又联合王占元、靳云鹏等人在东流水成立了民安面粉厂。他既是一个政客，又是一位精明的商人。济南开埠后的半个多世纪里，商埠一带先后建过五座市场：麟祥门外的人民商场、五里沟的万紫巷商场、经四纬二路的大观园、经二纬十路的西市场，以及经二纬一路的新市场。张怀芝所建新市场，开济南新式市场营建之先河。

张怀芝，1861年出生在东阿刘集镇皋上村，因家中贫穷辍学务农，是个苦出身。1881年，张怀芝到舅父家借年受气，决定外出闯荡，跟随族亲张在信去往天津谋生，后从军饲马七年。1885年6月，张怀芝考入天津武备学堂第一期炮兵科学习，结业后被编入新建陆军。1900年8月，八国联军入侵北京，张怀芝率炮队借调于武卫中军攻击东交民巷使馆。因

张怀芝（1861—1934）

护驾有功得到赏识和重用，历任北洋常备军第一镇第一协协统、北洋陆军第五镇统制、山海关巡防营统领、甘肃提督、天津镇总兵、帮办直隶防务大臣、山东督军、山东省长等职。

1905年，张怀芝买下了南岗子的坟地，把地面整饬平整，新市场就这么草草开张了。开业之初的新市场，形式上跟老式的庙会市场没有多大区别，全部都是地摊。而此时的商埠，就是一个大工地，众多劳动力每日的吃喝娱乐需求非常大。张怀芝利用权势，把北岗子、穆家林子一带的小商贩和江湖艺人赶到了南岗子，使新市场很快便有了人气。随着经营的日益繁荣，市场逐渐从地摊、席棚，到木板屋，后来又建起了砖瓦房、电影院。1934年兴建趵突泉自来水厂时，又将趵突泉南侧市场上的商户都迁至

南岗子新市场，使新市场成为当时济南最为繁盛的市场。那时的新市场，集商店、饭店、说书场、影剧院及农贸集市于一体，有鞋帽、杂货、皮货、估衣、洋货、委托店、书店文具、水果糕点、酒馆饭店等各类商号200余家，剧院、茶园、书棚20多所，济南的许多老字号如赵家干饭铺、玉记扒鸡、长清大素包都是在这里起家的。

新市场的赵家干饭铺，在济南久负盛名。赵家干饭铺卖的是济南名吃"大米干饭把子肉"，过去的济南人但凡吃大米，必然要配着把子肉同吃，所以名为"干饭铺"的店面基本都是卖把子肉的。赵家干饭铺的创办人名叫赵殿龙，最先是在普利门外空地上挑担摆摊，后也在北岗子（馆驿街西首）及万紫巷经营过。1905年，赵殿龙在新市场租了一个摊位，在这里卖起了米饭把子肉。后来，又在摆摊的地方搭起了两间木板房，以姓为字号，叫作"赵家干饭铺"。1932年，赵殿龙病故，他的儿子赵忠祥继承了铺面，1934年在大观园市场开设了新店。从挑担、摆摊到设店、开馆，赵家干饭铺迄今已经有百余年的历史了。

赵家干饭铺的干饭、把子肉、大丸子、菜菇鸡、菜菇肉等，制作精细、口味独特，颇受老济南人的欢迎，曾有顾客专门赠送过"名驰历下"的牌匾。赵家干饭铺不仅菜品优良，服务也十分周到。比如店里没有要汤菜的顾客，都会免费送上一碗加了芫荽、胡椒的高汤。赵家干饭铺还设有"外卖"，顾客只要告知自己所需饭菜及住址，准时送到。赵家干饭铺最红火时，还经常在报纸上刊登广告。20世纪20年代，济南销路最广的报纸是《华北新闻》，赵家干饭铺在该报刊登宣传"三大"的广告，即"干饭碗大、把子肉块大、丸子个大"。

赵家干饭铺的饭菜之所以深受欢迎，得益于其制作过程精益求精、一丝不苟。赵家干饭铺的米饭选用北园"大水地"出产的大米焖制，所谓"大水地"就是指上面进水、下面出水的活水稻地，这种水稻田里出产的大米，米粒发青、透亮、黏度高。大米买来，要先过筛，把碎米、碎砂筛出去，再人工把大米挑干净。客人在赵家干饭铺吃饭吃了多少年，就没吃出过一粒砂子。把子肉的制作更为讲究，生猪的大小要适中，每头宰好了的白条猪带皮重约80斤左右最好。割下来的肉要选不肥不瘦的部分，切成重量、大小相同的块，每斤8块，重量不够的要用小肉块凑够重量，用蒲草捆起来，"把子肉"的名头也由此而来。肉要用清水洗两遍，白水煮至变色，再捞出放入装了铁底的大口坛子里。坛子里要用排骨垫底，放葱、姜及十三香料包，用坛子炖出来的把子肉肥而不腻、瘦而不柴，吃起来醇厚而有余香。赵家干饭铺炖肉从来都不用盐，而是用自己靠好了的酱油。所谓"靠酱油"，就是挑选最好的上等酱油，在日光下曝晒，等酱油面上晒起一层盐花，即将盐花搅入缸底再晒，反复搅晒，一缸酱油晒得只剩大半缸时才使用。

玉记扒鸡是济南的特色名吃，老济南人也称之为"魏家庄扒鸡"，因玉记扒鸡店开设在新市场后身儿、魏家庄西首而得名。"玉记"字号的创始人叫张玉孝，这一名吃是他父亲张诚研制出来的。据说，张诚曾在山东巡抚丁宝桢府内帮厨，后辞职在县东巷开设了一个饭庄，并研制出了脱骨扒鸡，深受欢迎，一时门庭若市。张玉孝得到父亲真传，在新市场开了一家店铺专门制售扒鸡，并在名字中取一"玉"字，将字号定为"玉记"。玉记扒鸡店开业后，生意兴隆，成了闻名遐迩的地方名吃。玉记扒鸡造型如寒鸭浮水、雁叼翅箭，外皮焦黄、色泽鲜艳，吃起来皮滑肉嫩、余香透骨。从制作工艺上来说，玉记扒鸡源于禹城口蘑脱骨扒鸡。它的妙处在于火候恰到好处，焖煮时间视鸡的老嫩及大小灵活控制，扒鸡趁热提起一抖，骨肉分离，鸡皮却能保持完整。过去，每逢年节或探亲访友，手里拎一只油纸包裹的玉记扒鸡，那是一件很体面的事。

新市场南口附近，过去还有一家包子铺，专卖鼎鼎有名的"长清大素包"。长清大素包源自清光绪年间，最早是长清县城关西门附近回民出售的素包。把长清素包引入济南、发扬光大的人名叫赵君祥，他原是长清西关摆摊的手艺人，到济南闯荡改行经营素包，起名"长清大素包"。长清大素包个大、皮薄、馅多、味香，制作过程中要用大量的粗粉条和白胡椒，独具特色。素包里的豆腐要先蒸透放凉，剁碎后放入油锅炸至金黄，再将炸豆腐丁、姜片和包有八角、桂皮、花椒的纱布袋加水同煮，煮至豆腐丁入味后捞出，与碎粉条、菠菜、胡椒粉、芝麻油一起调成馅。这样制作的素包口味独特，颇受平民欢迎。后来，这家包子铺并入了新市场的新梅村饭店。新梅村饭店是一座仿古二层楼，这里的"长清大素包""蟹壳黄"以及"状元饺"均是为人所称道的风味小吃。20世纪80年代以后，新梅村饭店每况愈下，停业后改作他用。

除了美食，新市场让人念念不忘的，还因为它是一处非常繁盛的娱乐场所，说书场、戏院、电影院、杂耍摊子繁多，仅说书场就有五六家之多。20世纪20年代开始，新市场内曲艺鼎盛、名角云集，曲艺形式有评书、西河大鼓、山东琴书、河南坠子等多种，颇具"曲山艺海"的大气象。

过去在新市场的东面，有一家金声茶园，上演王云卿、王云宝姐妹演唱的京韵大鼓。它附近的光裕茶园，演出石振邦的木板大鼓，以及刘泰清演唱的西河大鼓。

石振邦，出身鲁北的山东大鼓艺人，他是南口犁铧调一代宗师范其凤的徒弟，擅唱《响马传》《刘公案》两部中篇书目。当时有句顺口溜是这么说的："三大将——苟、黄、杨，石振邦后续祁锦堂（西河大鼓名艺人，马兴旺业师）。"石振邦感到山东大鼓伴奏格律过于严谨，难以适应赶集、赶会说唱的需要，遂丢掉三弦，自创唱腔，改以单鼓木板形式演唱木板大鼓。他于1915年进入济南，在北岗子、南岗子等处茶馆演出达20年之久。因其体形高瘦且微有驼背，与其表演的《刘公案》里面的刘

民国时期的曲艺表演

墉神似，济南人称其为"活罗锅"。

同在光裕茶园表演的，还有西河大鼓名家刘泰清，他与山东评书名家傅泰臣同出于山东大鼓"老北口"代表性人物何志凤门下。当时，西河大鼓还是一种新兴的曲艺形式，虽唱者众多，却无出刘泰清之右者。他嗓音洪亮、表演风趣，既擅演金戈铁马的历史演义，又喜唱富于生活气息的书段，书路子极宽，时有"盖山东"的雅号。

新市场西墙下，有一块从南到北的大空地，被称为"杂把地儿"。北头是泰臣书场，午场由傅泰臣演出评书《龙衣案》《三侠剑》等书目，晚场由王大玉演出西河大鼓《五代隋唐》。空地的南头有一溜小书棚，杨凤山、尚五等山东快书名家都曾在此演出过，还有杜春田的落子、黄春才的西河大鼓、荀春盛的山东落子，张凤池、张凤辉、王三妮的山东琴书，黄春元的木板大鼓等。后来，这一块场地成了相声的聚集地，20世纪30年代，由京津来济南的相声艺人黄金堂、常连安父子、李寿增、孙少林、王凤山等名家都曾在此演出过。

山东快书，以说唱为主，语言节奏性强，朗朗上口，通俗易懂。那时并不叫"山东快书"，而称为"唱武老二的"或"唱大个子的"，因早期主要演唱武松故事，故名。杨凤山是山东快书名家，他功架好、板火爆，唱起来口正活脆，赶劲解气，动作洒脱，一个飞脚能踢到鼻子尖，是当时的"书坛三大将"之一。他说武老二时，身着长衫，斜披大褂，虽说个子不是多高，但大辫子往脖颈上一盘，卖相英武帅气，所以就有了"杨大辫子"的外号。杨大辫子的玩意儿好、买卖火，很快就置办起了自己的杨氏说书棚，设于新市场西南角大墙下。据说，杨凤山一场武老二说下来，挣的铜子得拿洋面袋子装，雇人往家扛。好景不长，一场无妄之灾令杨凤山英年早逝。这么一天，有死刑犯被押着从新市场南门过，被搅了场子的杨凤山也挤到路边看热闹。这位死刑犯一眼瞥见了杨凤山，便大喊一声："杨大辫子，下辈子再听你的'武老二'了！"军警一听，立马将杨凤山视为"好汉爷"的同党而逮捕。书词公会赶紧出面具保，这才被释放回家。杨凤山受惊过度，遂一病不起，半个多月后就去世了。

　　那时，同在新市场西墙下说书的还有评书名家尚五，他与济南的傅泰臣、济宁的张善仰同为山东评书的代表人物。尚五，原名尚国科，艺名尚明五、尚笑五，因排行第五，人多称之为"尚五"。尚五是利津县盐窝镇东村人，长期在惠民、滨县、沾化、无棣等县演说评书。1928年，因眼疾双目失明，遂落脚济南，在新市场、游艺园等处设馆说书。尚五说书，口齿清楚，嗓音圆正，讲古论今，敷衍故事，夹评夹议，妙趣横生。他注重说书与表演相结合，善用戏曲手法表演人物，说到壮阔处像大河磅礴，扣人心弦，说到细微时如溪水潺潺，引人入胜。擅长演唱书目有《说岳》《杨家将》《包公案》《聊斋》《三国演义》《水浒》等。

　　新市场西墙下撂地的黄春元、黄春才是哥儿俩，黄春元绰号黄大牙，擅长木板大鼓，黄春才则擅长西河大鼓。这哥儿俩一开始撂地演出，后来建起了自用的双春茶园。黄家哥儿俩的演出唱腔流畅，韵味甘美，上演木板大鼓《杨家将》《响马传》等，很受观众欢迎，曾有听众送上"高山流水"的牌匾。

　　20世纪30年代，评书艺人傅振海在新市场西边修了"振海书场"，傅泰臣盖了"泰臣书场"。傅泰臣，山东平原人，14岁师从山东大鼓艺人王增豪学艺，后唱木板大鼓和西河大鼓，1939年改说评书，定居济南。傅泰臣表演感情真挚，吐字清晰，擅长贯口，喜用赋赞刻画人物，形成"说、学、做、白、评"五艺俱佳的艺术风格，代表书目有《隋唐演义》《杨家将》《秦琼下海州》等。

傅泰臣（摄于1965年）

　　新市场的南面，有崔金霖、吴景春、吴焕文、黄景利等说相声、变魔术，以及山东快书创始人于传宾的山东快书。吴景春、吴焕文是济南早期的相声前辈。吴景春早年拜裕德隆（"相声八德"之首）为师，擅长文眼、单口相声等。吴焕文为景春之弟，师承崔金霖，后拜师杨凤岐，1948年收女徒吴萍（艺名"小苹果"）。吴焕文招人有一个绝活，惯用"白沙撒字"，就是用拇指食指捏起磨细的汉白玉石粉在地上撒字，写得相当漂亮。黄景利又名黄德利，1912 年生于济南，其父"黄小辫儿"蜚声曲坛，其母是唱天津时调的。黄景利 10 岁拜崔金霖为师，1933 年出徒后就一直在南岗子表演相声。

新市场北侧，有同乐小剧场，大鼓艺人刘宝全、鹿巧玲、姬素英、谢文英等曾在内演出过。鹿巧玲，夏津县的梨花大鼓艺人，其母傅大

大鼓艺人石艳春

大鼓艺人王福宝

大鼓艺人王瑞云

大鼓艺人谢文英

传、其姐鹿巧云都是梨花大鼓演员。鹿巧玲擅演《鸿雁捎书》《黑驴段》《凤仪亭》《王二姐思夫》《昭君出塞》《宝玉探病》等书目，因其姿容俏丽、歌喉甜美、声情动人，备受观众称道，被誉为"鼓界皇后"，是继"四大玉"后梨花大鼓女艺人中的佼佼者。

新市场中间的空场上，有刘剑秋、杨秀峰等演出方言相声及双簧，另外还有洋片、杂耍。刘剑秋，在济南的名声大过侯宝林，有"滑稽大王"之称。他说济南方言相声，内容难登大雅之堂，但很受市民欢迎，场子周围经常是里三层外三层的。刘剑秋的开场活儿视观众多少而定，人少时打竹板，用以招揽客人；人多时，则先用白粉撒一个大圈，然后是一段开场白："各位父老乡亲、兄弟爷们儿，今天人缘好，我多说几段拿手活，说完了您老高兴给个毛儿八分。没钱不要紧，有钱捧个钱场，没钱捧个人场。您老千万别早不走晚不走，要钱时您再走了。混顿饭钱养家糊口，在这里给您老鞠躬啦！闲言少叙，咱现在开说。"

因为演艺活动的繁荣，新市场这个巴掌大小的地方，相继出现了几家戏院和剧场。建于1918年的民乐戏园（1966年停业）、凤裕茶园（1945年停业）及晚一年建起的凤顺茶园（1956年停业），都是平房，每处都能容

天庆剧场

新市场逐渐成为济南的一处地名

纳近 300 人。建于 1920 年的商乐舞台（1935 年停业）及建于 1930 年的天庆大戏园（1982 年停业）、开明戏院则都是楼房，可容纳 500 人以上。天庆大戏园，1930 年建造，可容纳 500 人，后改名为天庆戏院、天庆剧场、红旗剧场，1977 年后又恢复了"天庆剧场"的名字，1982 年停业。开明戏院位于新市场北门，后来变成了电影院，它或许是济南改名次数最多的电影院，曾先后叫过明星电影院、明光电影院、青年电影院、中苏友好电影院、反修电影院，以及胜利电影院。

　　鲜为人知的是，新市场的演艺园子在吕剧形成发展过程中，也有非常重要的地位。吕剧，是山东最具代表性的地方剧种，最早被称为"山东琴书""化妆扬琴"，新中国成立后才定名为"吕剧"。随着济南商埠的开放，化妆扬琴也挤入了这里的娱乐场所。同京剧发展中"徽班进京"一样，化妆扬琴进济南也是吕剧发展中的重要一环，化妆扬琴在济南得到了很大发展，丰富了曲目和表演技巧，培育了一大批忠实观众。1917 年，广饶县化妆扬琴艺人张凤辉等人组成的车里班首先进入济南市演出，此后，大量的"化妆扬琴"剧班也纷纷进城表演，最早就是以新市场为活动中心的，后来才又扩大到西市场、大观园等地。

　　当时较有影响的化妆扬琴班子，有黄家班、张家班、同乐班、庆和班、共和班等。1921 年前后，化妆扬琴戏班黄家班由广饶县来济南，在新市场风顺茶园演出。黄家班由十几人组成，主要演员有黄维祯、黄维信、黄维范、黄子修、刘力贤、马成业等。当时的风顺茶园还是土台子，主人张凤池和刘力贤是亲戚，也是唱琴书出身的广饶人。在他们合力经营下，不几年张

155

凤池就把席棚换成砖瓦房。20 世纪 20 年代末，博兴刘官庄艺人组成张家班来到济南，在新市场北的民乐茶园演出。张家班演员有几十个人，如张家宇（班主）、张玉生（张大牙）、张传河、张文忠、张翠霞、张翠云等。20 世纪 30 年代初，胶东的老牌戏班庆和班也来到济南，在新市场凤顺茶园演出多年，主要演员有殷毓庚（领班）、殷毓汉、郑江田、刘全中、朱春盛等。"七七事变"以后，化妆扬琴的多数艺人都回到了家乡，留在济南的艺人则组成了一个义和班，主要演员有殷毓庚（领班）、郑江田、程立孝、张连祥、阎宗先等共十几人。义和班在新市场凤顺茶园演出时，经常和五音泰斗邓洪山（艺名"鲜樱桃"）搭班同演，促进了化妆扬琴在演唱方面的提高。直到 20 世纪 40 年代初，义和班才去了大观园的新新舞台演出。

新市场曾经有一处建于 1921 年的涌泉浴室，1949 年 1 月，国民党飞机轰炸此地，炸死炸伤顾客数十人。济南解放后，新市场曾一度成为自行车、五金、电料等行业的集中售卖地。自 20 世纪 60 年代中期开始，新市场的商业开始衰落，到 20 世纪 90 年代末已名存实亡。一朝繁华成春梦，如今的南岗子已变成了一片高楼大厦。但曾繁荣一时的新市场，仍保存在老济南人的记忆深处。

# 萃卖场

济南较早的综合性商场之一，见证了商埠的商业盛衰

　　"出门，始知邮政局（建筑甚精）失火，火势甚大，马路不能通车。我就折回，到萃卖场买物；不料因大火故，电灯机都关了——火起由于走电——萃卖场已闭门。"1922 年 10 月 13 日，胡适先生在他的日记中记下了当晚他去萃卖场购物未果一事。

　　萃卖场位于商埠经三小纬六路。这个商场于清宣统元年（1909）建成开业，名称的含义为"百货荟萃"。用现代词语来说的话，萃卖场大致相当于那个时代的一个"商业综合体"，场内不仅销售服装鞋帽等日用百货和珠宝玉器、金银首饰等奢侈品，还有卖文房四宝、碑帖字画的书坊，还有大型西餐饭店，还有可以听戏品曲的茶楼。可以说，这是一个很潮很有文艺范儿的场所。

　　就在胡适先生造访萃卖场未果的 1922 年，津浦铁路济南机车厂工程师卢景贵的三儿子降生了。因为居所距离萃卖场不远，卢家老三从小就常常跟家里的厨师一起到萃卖场听戏，这使得他后来终生酷爱京剧艺术，他有个尽人皆知的外号——"京剧迷"。卢家老三也就是被誉为"中国核能之父"的中科院院士卢鹤绂。

　　萃卖场唱戏的地方名为聆音戏院，经理阎于恒，有艺员 20 余人。戏剧研究家李赵壁先生撰文介绍说，由于五四运动的影响，书社、戏院、游艺园等在商埠地区先后建起来。庆商大戏院、上舞台、新舞台，与升平街的俱乐部、萃卖场的聆音戏院、西市场的商乐舞台相继并存，都有各自的演出班底，轮换邀请京、津、沪名角上演。

1926年秋，阎于恒去北京邀角儿时，看好京韵大鼓新秀章翠凤的表演，便将她和她的师傅一行数人请到济南萃卖场组班演出，因人手不够，济南当地的梨花大鼓（山东大鼓）加入进来，与他们拼成一个演出团队。章翠凤等人只组半班，就是一场相声，一场变戏法，再加上压轴戏——她的京韵大鼓表演。据章翠凤回忆，当时的情形是这样的："萃卖场是像北京东安市场、劝业场一样的，是个萃卖百货的场所，楼下商肆摊贩云集，楼上是茶园，来客名义上是以饮茶为主，听唱看玩艺为副。茶楼收茶资，不要门票，我们唱的耍的是当场打钱……我们每场打下钱来，大铜板不算什么，银角子、毛票一弄就是一堆，有时还有白花花的现大洋。那时节洋面粉每袋不过一元多，算起来我们每天都有几十袋面粉进账，而花费很小。"

因为演出叫座，章翠凤在济南一待就是三年。刚来时，她才是个13岁小女孩，临走时，已经出落成16岁的大姑娘。和章翠凤同台演唱梨花大鼓的，也都是十几岁的小姑娘，穿着散腿裤子半短袄，梳着黑亮的大辫子，擦着胭脂粉。唱时不用身段，喜怒哀乐只在眼眉间略有表情。

萃卖场全貌

当章翠凤在萃卖场的演艺日臻成熟之时，比她大两岁的梨花大鼓新秀鹿巧玲也开始在济南的戏院茶楼间登台串场。继《老残游记》中提到的黑妞、白妞之后，20世纪二三十年代，

谢大玉

鹿巧玲

梨花大鼓达到鼎盛时期，以谢、李、赵、孙"四大玉"为代表的鼓界明星红遍大半个中国。比四大玉们晚一辈的鹿巧玲，当属"青出于蓝而胜于蓝"。现存文献中，尚未发现章翠凤、鹿巧玲二人在萃卖场有过交集。不过有记载称，1930年，鹿巧玲就曾在萃卖场压阵。而就在这一年，《济南晚报》发起济南"菊选"。19岁的鹿巧玲荣膺"鼓界皇后"称号，当时报纸上对她的赞誉词是"铁嗓钢喉，鸣金戛玉，皇后当选，允无愧色"。

民国时期，经营碑帖字画、文房四宝的书业多集中在城内大布政司街（今省府前街）及周边。在商埠地区找寻这样的门店，萃卖场是一处不可错过的场所。20世纪20年代开业的艺文书局（城内艺德堂所设）、萃文书局（经理马梅轩），30年代开业的新文书局（经理孙余三）、鲁兴书局（经理单孔范）等均设于萃卖场。1944年，画家许大峰（原名许纪琳）由博山来到济南，在萃卖场开设了大峰画社，以卖画为生。大峰画社虽然门头不大，可是名气不小。"谈笑有鸿儒，往来无白丁"，当时济南市书画界的名流雅士，到萃卖场来裱画，就到大峰画社来喝茶抽烟、谈天说地。许大峰在画社东窗外盖了个小屋，在小院里栽菊种菜，整出一个世外桃源般的"东篱草堂"。这个"穷沙龙"虽然简朴寒酸，弭菊田、陈维信、程公博、黑伯龙、岳祥书、任晓麓、黄立荪、汪皎臣等书画界名流都是常客。

卖绢花是萃卖场在20世纪30年代的一个小特色。山东绢花始于济南，

萃卖场入口

济南花店街因而得名。1934 年，济南国货商场有 8 家花店，分别是华美、华丰、大美、聚川合、瑞丰、洪瑞昌、大昌、鸿昌号，后因大火，花店都迁至萃卖场。

1934 年版《济南大观》记载："萃卖商场，在商埠三大马路，与中山公园毗连。百货荟萃，内有茶楼、鼓姬及占卜问卦者，式燕番菜馆亦居于此。"番菜，也就是西餐。这家西餐馆由平度人雍少泉任经理，乃民国元年他和朋友合资创立。店里受欢迎的菜有炸大虾、炸酥排、黄焖牛肉、去骨鸡、鸡蓉鲍鱼汤、牛尾汤等。由于经营有方，式燕番菜馆在民国时期的济南西餐界赫赫有名。

说起萃卖场，就不得不提到一位名叫李敬铨的烈士。李敬铨（1904—1931），字子衡，又名李国栋，曾用名李敬泉、李英杰、李铨等。历城县遥墙镇鸭旺口村人，出生于济南市奎文街。小学毕业后曾就读于济南师范讲习所，1919 年五四运动中，积极投入学生界组织的反帝爱国运动。1923 年，李敬铨到日本人创办的青岛大康纱厂担任粗纱技师。其间，结识了中共青岛党组织负责人邓恩铭，并与胶济铁路总工会建立了联系。1925 年 3 月，大康纱厂工会成立，李敬铨被推为工会负责人之一。同年 4 月，日本警察搜去工会文件，逮捕工会干部。中共青岛党组织决定举行全厂大罢工，成立罢工执行委员会，李敬铨被推举为罢工总指挥。1925 年 7 月，李敬铨被批准加入中国共产党。1925 年秋，他被中共党组织派回原籍鲁北搞农民运动。1927 年下半年，中共山东省委派他到淄川矿区领导工人运动。1928 年秋后，被省委调回济南任中央交通员，省委办公地点曾设在他家。

李敬铨（1904—1931）

年底，在省委工作的王用章、王复元叛变，李敬铨得知后，立即向党组织做了汇报，使党组织得以采取应急措施。1929 年 8 月，李敬铨调到天津中共中央北方局工作。不久又被派回山东，任中共山东省委委员。1930 年 7 月，省委派李敬铨到济南，并由他组织成立中共济南特委，任特委书记，济南党组织很快得以恢复。李敬铨组织领导了鲁丰纱厂、电灯公司、津浦铁路济南大槐树机厂工人的斗争，其行踪很快便被叛徒王用章发现。

1931年元旦，中共济南特委书记李敬铨趁放假之际，邀约济南特委组织委员王永周一同去津浦铁路济南大厂，帮助该厂党员成立支部。他们前后相隔七八米走路，当行至萃卖场门口时，不料叛徒王用章突然出现，李敬铨不幸被捕。

李敬铨被捕后，任凭敌特叛徒软硬兼施，始终大义凛然，没有暴露党的任何机密，表现出共产党人坚强不屈的品质。在监禁期间，他满怀革命乐观主义精神，抱持坚定的共产主义信念。1931年4月5日，李敬铨和邓恩铭、刘谦初等22名共产党员被押赴济南纬八路刑场，英勇就义，史称"四五烈士"。

至20世纪40年代末，萃卖场经营式微，多数业户濒于破产。作为开埠以来济南新建的六个综合性商场之一（其他为新市场、万紫巷、劝业场、西市场、大观园），萃卖场可谓是一处见证民国济南商业盛衰、文化变迁之所。今天，虽然它早已不存在了，但发生在这里的故事却铭刻在济南的近现代史中。

# 万紫巷商场

商埠的"菜篮子"，曾发生"宜春轩惨案"

　　万紫巷位于纬四路和纬五路之间、经二路以北，分为万紫巷东街和万紫巷西街，两街交会处便是万紫巷商场。济南商埠，华洋杂处，但不论是中国人还是洋人，都是要吃饭的。吃饭就要买粮、买菜、买水果、买油盐酱醋，过去但凡买吃的，那就要去万紫巷。

　　济南开埠前，距府城五里有个村子，名叫五里沟。五里沟的东面是一片坟场，旁边是一大片洼地，雨季积水形成了水塘。在这个大水湾旁边，是一个存在已久的集市，每逢"集日"，周围村镇的乡民都来此交易农副产品。随着商埠的开辟、胶济铁路的通车，商埠沿火车线一带成了火热的建筑工地，大批工匠及商人每日生活所需成了问题，这就给五里沟带来了商机。每隔五日才有的集市，逐渐变成每日上午都营业的市场。每日天刚蒙蒙亮的时候，乡民们推着小推车、担着菜担子来到水湾边，买家也是早早地来，买了菜回去好开工干活。中午还没到，集市上的人就差不多都散了。

　　这种情况到了宣统二年（1910）就有所改变了，因为

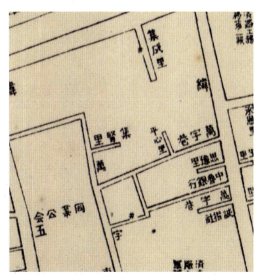

1933 年地图中的万字巷

德国人看上了这个菜市场。1898年，德国强迫清政府签立《胶澳租借条约》，强租胶州湾，第二年便着手修建胶济铁路，直到1904年胶济铁路建成通车，靠一条铁路谋得了整个山东省的利益。老谋深算的德国人认识到，掌握菜篮子、面袋子，在一定程度上对掌控济南商埠是有益处的，并可以保证胶济线场站的后勤供应，掌握住市场至少不能被人卡了脖子。于是，德国人在要求划出领事馆驻地外，又向清政府加了一条要求：开设洋人专用的市场。开领事馆需要讨论，开菜市场嘛，对清政府来说那不叫事。顺理成章地，山东巡抚指令济南商埠局将这个市场的管理权交给了德国人，辟为外国人专用的商场。德国人在市场内建起了一座德国式的四面亭，作为外国人副食买卖的专用场所，这里是济南最早的洋人贸易场所。亭子之外，仍是中国乡民自由买卖的市场。因为四面亭是固定的交易场所，营业时间就延长到了傍晚。

随着商埠建设的日新月异，水湾被填平，周围建起了民居和商铺，形成了一个以四面亭为中心的巷子。这个巷子一开始被居民称为"湾子巷"，后来因为四面亭的平面是呈"卍"字形的，所以厘定街道地名的时候就给它起了个名字"万字巷"，后来写作"万紫巷"。日伪时期，万紫巷被改名为"鹤字巷"，抗战胜利后

如今的万紫巷商场

万紫巷内的铺户与摊贩

又恢复了"万字巷"的名称。1953 年，万字巷分成了万字巷东街、万字巷西街两处地名。1966 年，万字巷商场被改名为"太阳升商场"，万字巷东街改名为"太阳升商场东街"，万字巷西街被改名为"太阳升商场西街"。1975 年，又改名为"万紫巷商场"，附近两条街道也被命名为"万紫巷东街"和"万紫巷西街"。

1914 年，第一次世界大战爆发。1917 年，北洋政府发布《大总统布告》，正式对德、奥宣战。一年后，德国战败，德国政府在济南的财产被没收，济南商埠局顺利接管了万紫巷市场。中国人韬光养晦的智慧，至少在菜市场这件事上战胜了德国人。商埠管理当局接手万紫巷后，做的第一件事就是收税。除对四面亭内部划分外，又核算了商场内的菜摊及摊位的占地面积，对商场内 85 户散租菜摊和门前设摊的 34 户菜商，按每平方米 4 角 5 分收租，整个菜市场每月收租约为 220 元。随着市场的繁荣，商场内又增建了其他建筑，工商业和小商小贩也相继进入经营。1938年出版的《济南大观》中就列举了当时重要的菜市："一在商埠万字巷，一在纬一路新市场，一在城内刷律巷。陈列鸡鱼鸭肉、海味蔬菜，每晨购者拥挤。"围绕着万紫巷，形成了居民聚集地，它附近有平心里、思豫里、集贤里等里弄。万紫巷过去还有一处清真寺，创设于1940年前后，是由万紫巷市场内经营的穆民捐款，购买万紫巷商场四排平房中第二排西侧房屋，以供穆民礼拜之用。

1937年济南沦陷后，日本人趁机侵占了万紫巷商场。他们将德国人修建的四面亭改建为四排平房，容纳了更多的商户。并在商场及周边开设20多家妓院、烟馆等。这一时期的万紫巷商场，已经不再是单纯的副食品市场了。日本战败后，万紫巷商场疏于管理，恶霸横行。有菜霸长期盘踞在市场内，不但强行向商户收保护费，还操控市场菜价，从中牟利。

民国时期万紫巷市场的繁荣景象

1948 年秋，济南解放，万紫巷迎来了新生。人民政府惩治了恶霸，对万紫巷环境大加整顿，使万紫巷商场重现生机。经过几十年的经营和建设，万紫巷商场变得万紫千红起来，这里曾是济南最大的综合农贸市场。20 世纪 90 年代以前，万紫巷是济南人购买蔬菜以及副食品的首选之地，买家总能在这里找到最合适的商品。周末，尤其是春节前，整个商场内熙熙攘攘，牛羊猪肉、山珍海货、各种罐头、豆制品、油盐酱醋一应俱全。20 世纪 50 年代，万紫巷商场专卖一种荣成石岛产的蜢子虾砖，称为"济号虾糕"。虾砖比豆腐干大些，包装的红纸上用木戳印着"蜢子虾砖"四字。虾砖味道较虾酱浓郁，买回来掰下一块用水一泡就能用，炖出来的菜味道鲜美，故风靡一时。万紫巷西街上有济南冷食糖果一厂，夏天制作冰棍，冬天则制作糖果。一到夏天，整条街上都能看到批发冰棍的商贩。万紫巷东街上有一家煤店，供应着万紫巷一带的生活用煤，每到冬季，煤球机日夜不停，送煤的、拉煤的地排车络绎不绝。

民国时期的万紫巷心平菜市入口

作为济南曾经最大的农贸副食品市场，万紫巷与济南饮食行业中的老字号有非常紧密的联系。如当时济南非常有名的汇泉楼饭庄，它的菜品在济南是出了名的精细、讲究，在原料上也是下足了本钱。汇泉楼所需的调料必须要醴泉居酱园的，海产品、干货、肉类、禽蛋、粮油必须是出自万紫巷一带的商号。万紫巷不仅有优良的烹饪原料，还有名吃烤鸭。济南制作烤鸭的历史非常长，在明末就出现了专门经营烤鸭的商铺。清朝嘉庆年间，一对薛姓兄弟在县东巷开设了文和楼和德合楼，专门制作烤鸭。清道光年间，德和楼搬到了万紫巷。德和楼制作的烤鸭，色泽红艳，肉质细嫩，味道醇厚，肥而不腻。除了烤鸭，万紫巷还与济南名吃把子肉有过交集。光绪年间，有位叫赵殿龙的年轻人在济南万紫巷一带摆摊，专卖大米干饭把子肉和大肉丸子，这个饭摊后来搬到了南岗子的新市场，这就是济南鼎鼎有名的"赵家干饭铺"。据传说，万紫巷过去还有一家正泰恒饭馆，经营的也是大米干饭把子肉。正泰恒饭馆的前身是位于纬十二路的正泰恒饭铺，民国时期迁来万紫巷一带，新中国成立后成立了正泰恒合记，迁去了经二路。

商业繁荣的地方，必然就有金融业的伴生。1931年，洪兴源银号在万紫巷开张，但很快便随着1933年和1935年的两次币制改革而关门歇业。万紫巷商场东侧有一家青岛中鲁银行的分号，1931年4月设立，经营存放汇及各项银行业务，并兼办储蓄。因为该银行的前身是中鲁钱庄和中鲁银号，业务沿袭银号的做法，非常迎合旧式商人的需要，故业务量在同业中位居中上。万紫巷附近还有一处日本商人建立的典当行，1928年10月开业，名为"大宝当铺"。日商典当比华商典当利率高，当时华商典当月息2分，外加保管费，共合3分，大宝当铺则50元以下月息5分，100元以下月息4分，100元以上月息3分，当值愈小利息愈高，平民被剥削最甚。

民国时期，这个繁荣的菜市场还出过一件大事情。1911年，就在万紫巷生意红红火火之时，山东末代巡抚孙宝琦宣布山东独立。11天后，同样是孙宝琦，又突然宣布取消独立，吴炳湘等人派兵镇压革命党人。12月10日晨，济南巡防队长聂宪藩率领军警搜查经二路西头路南的宜春轩照相馆和万紫巷的万顺恒洋货铺，逮捕了革命党刘溥霖、杜瑨（jìn）等14人，在万紫巷当场用枪托砸死万顺恒洋货铺的东家蓝盛九，并抢劫了这两家店铺的财物，这一事件被称作"宜春轩惨案"。对于此事，孙宝琦曾致函袁世凯，表达了他对革命党人强烈报复的担心："聂道因巡防队缉捕党人，抢掠一空，在营复私刑拷讯，与缉匪同，并大干物议，虑有暴动。"事发后，济南商、学等各界提出质询，当局被迫于 12 月 12 日公开审理，聂宪藩被迫辞职。

万紫巷不仅有"革命党人"的惨死，还有封建把头在诈骗钱财。旧社会，民间有名目繁多的借贷组织，如摇会、标会、认会等多种，通称为"合会"。一般是以发起人为会首，与会者为会脚，商定交钱多少和用钱次序，此类组织多为互助性质，但也有的组织为少数会首把持利用。1924 年前后，商埠一带多有会首划分地盘，各吃一方。万紫巷、胶济铁路车站、天桥、馆驿街、小纬六路等地各有会首把持，一方面利用合会汇集资金，一方面又高息放贷。万紫巷的会首把头，利用标会骗取钱财，先是许以优厚利息，骗到钱财后即席卷而逃，工人、店员、学徒和女佣受害最多。其他帮会首领群起效尤，蔓延全市，时人称之为"会王之祸"。

万紫巷现存的老建筑

俯视万紫巷

万紫巷的"热闹"遗留到了现在。2017年5月，万紫巷附近施工过程中，挖出40枚炮弹。有人猜测是济南解放战役期间所遗留，有人猜测是日本人败退时期所遗留，众说纷纭。张宗昌督鲁期间，曾在商场的东南部建了一处军械仓库，名为"济南兵工厂办事处军械分库"。日伪时期，拆除了军械仓库，建起了一座名为"心平菜市"的农贸市场，这些炮弹大致就是这处军械仓库的遗存。一处繁荣的商场，在一堆炮弹上经营了70余年而平安无事，似有神助。

时光荏苒，100多年过去了。如今的万紫巷商场已失去了原有功能，但它仍以自己的存在，守护着商埠曾经的辉煌。

# 国货商场

一个提倡国货、振兴民族工商业的大卖场

劝业商场入口

趵突泉公园南门斜对过，昔日有条东西向的围屏街，围屏街路南有处国货商场，亦称劝业场。济南的劝业场，曾经和位于成都春熙路上的劝业场，武汉的两湖劝业场和比邻武汉大学的武汉劝业场，北京大栅栏的劝业场和位于天津和平路与滨江路交叉口的天津劝业场并称为六大劝业场，对于济南人来说，这个商场见证了一个辉煌的时代。

1902年，山东巡抚周馥命山东农工商务局在万竹园的对面

171

刚开业时的国货商场

建造了一个工艺局，后来这个工艺局更名为工艺传习所，也就是劝业场的前身。传习所以提倡实业、传习工艺为宗旨，下设铜铁、毛毯、花边、织布、木器、洋车六个工厂。除了生产之外，传习所还经营传统的金作、木作、丝作以及刺绣等货物。

1927年，山东督军张宗昌在传习所南侧修建了一处楼房，并将工艺传习所命名为劝业场，意思为此处可以劝兴实业。他命令趵突泉商场内外大小摊贩限期迁到这里，使得劝业场的经营业户很快就增加到数百家，并由此成为济南城外西南关的商贸中心。韩复榘督鲁时，劝业场北面平房改建为二层楼房，商场的大门在东北角。政府规定此处商人不得贩卖洋货，并设立了国货陈列馆，每年还举行一次长达一个月的国货展览以及国货竞卖会。从此，劝业场变成了国货商场。

1840年鸦片战争以后，西方资本主义列强对中国实行经济侵略，而当时的民族工商业因实力太弱，根本无法与外国商品竞争，致使国货滞销，白银大量外流，经济发展停滞。为此，全国人民曾多次掀起抵制洋货、提倡国货的运动。1928年，南京国民政府完成第二次"北伐"后，做出保护民族工商业姿态，并实施"保护国货"政策。1929年，为宣传推广提倡国货、振兴民族工商业，工商部又饬令成立部属或省市属国货陈列馆、举办国货展览会。于是，山东省政府决定在劝业场兴办国货陈列馆。

山东国货陈列馆的馆址也几经变更，最初打算在位于纬六路的原山东商品陈列馆的基础上改建，但由于该处房舍狭窄、地址偏僻，再加上原建筑在"五三惨案"中几乎被摧毁殆尽，而1929年呈准拨付的馆舍修缮费4500元最终没能到位，致使房舍倾颓，实在不能再用。因此，兼任山东国货陈列馆馆长的工商厅秘书主任郭存泰在1930年4月又呈准以位于纬三路的刘子山楼房为山东国货陈列馆的馆址，但该处馆址被选定后不久，就因为战事爆发，被让给了中央陆军医院。到了1931年，农矿厅厅长王芳亭见位于趵突泉前街路南、上新街和南新街之间的劝业场内有闲楼两座可用，遂又呈请省政府议决，将这两座楼拨给山东国货陈列馆使用，楼前的空闲场地也一并被划归山东国货陈列馆。于是，当年3月，山东国货陈列馆筹备处奉农矿厅的指令，迁入国货商场内办公，并抓紧筹建。

山东国货陈列馆开始筹备时的原定经费为每月276元，临时费每年2000元，但因时局动荡，每月实际最多只能领到2/3的经费，且经常被拖欠，临时费更是没有着落。从1930年起，山东国货陈列馆的筹建经费增加至每月517元，临时费仍然是每年2000元，但由于战事又起，山东省的财政状况十分拮据，所以实际上仍然领不到钱。王芳亭担任农矿厅（后改为实业厅）厅长后，向省府提出议案，建议增加筹建山东国货陈列馆的预算经费，将每月经费增加至1300元、临时开办费增加至2万元。王芳亭提出的这一提案很快获得了通过，山东国货陈列馆的筹建经费也开始能如数领到，筹建工作才开始得以按计划进行。筹备委员会将前楼全部及后楼楼上划定改建为陈列室，并在两座楼之间建了两座天桥，以便交通，将后楼底层西头的房间作为招待室，东部的房间作为办公室、储藏室和宿舍，开始修理添置陈列所需用的各种橱架。

筹备委员会按照《实业部修正国货陈列馆规程》制定征集办法，向各县市征集展品。对省内一些交通便利、产品繁多的县市，由筹备委员会分

国货商场内的营业柜台

国货商场内的流动商户

别派员直接征集，其余各县，则委托各县的建设局代征。最终，陈列馆共征集到济南、烟台、青岛、威海及其他 54 个县，还有上海、天津及河北昌黎县等地的展品近 3000 件，其中济南市展品最多，有将近 200 种，其次为烟台、青岛。展品征齐，陈列就绪，山东国货陈列馆的筹备工作到此大功告成。经筹备委员会第七次会议议决，国货展览会定于 10 月 19 日上午正式开幕。

开幕当日，参加开幕典礼者多达数百人，典礼由时任实业厅厅长王芳亭主持。王芳亭先报告了陈列馆筹备的经过，时任国民党省政府秘书长张绍堂代表韩复榘宣读了训词，国民党山东省党务整理委员会委员张苇村、省政府财政厅厅长王向荣、建设厅厅长张鸿烈、教育厅厅长何思源依次致辞，最后是王芳亭致答谢词。下午，陈列馆开始对普通民众开放，参观者蜂拥而入，半天的时间，前来参观的民众已多达万人。

国货陈列展览会举办了一个月。展览会结束后，按陈列馆规程，实业厅厅长王芳亭指派该厅秘书主任欧阳博，秘书郭存泰，科长韩庚胪、纪源裕、赵惠卿、张启元及其他厅属职员共20人，并函聘齐鲁大学校长朱经农、鲁丰纱厂经理鲁绍云、省立图书馆馆长王献唐、商会主席辛铸九等24人，共同组成审查委员会，对参加陈列展览的出品逐一进行审查打分，分别给予奖状，以资鼓励。其中，颁发特等奖奖状42张，济南得其中19张，得奖者有宏济堂、鲁丰纱厂、山东书局等。自此以后，国货陈列馆每年举行国货展览会一次，陈列品每年彻底更换一次。

最初，国货陈列馆只注重陈列展览、宣传提倡国货，后来为了促进国货产销、方便购买，国货陈列馆自1931年起设立了临时竞卖场。1933年秋，国货陈列馆改由建设厅直辖。1934年5月，国货陈列馆又开设了售品部，代售陈列满一年、出品人委托代售以及厂家寄送的与陈列品相同的国货商品。1934年6月，省政府又拨款两万元，成立了国货批发所，为国货商场内的商户采办全国各地的国货，供其发售，兼营零售。1934年12月，在韩复榘和时任建设厅厅长张鸿烈的大力倡导下，原来的劝业商场被改组为国货商场，规定商场内各商家一律只能贩卖国货。

关于国货商场，倪锡英在其20世纪30年代出版的《济南》中记载："从中间的一个门里走进去，那中间又是一个广大的院落，东南西三面，连着的是一大幢新式的楼房，那楼上楼下，全是商店，称为'国货商场'。商店里各色的货品都有，奢侈品和玩具独多。靠院落的北面，叠着一带假山石，在山上还有座小亭子，可是因为游人太杂，而布置得又欠精雅，因此看上去便是充满着世俗气，一点也不好玩。"同一时期的《济南大观》中则这样记载：国货商场"在趵突泉西，直属山东建设厅，附设国货陈列馆，每日两次开放，自由入览。凡在该场营业之商人，

国货商场内拉洋片的摊贩

1937 年被焚毁后的国货商场

均不得贩卖外货……每日全场商业平均一千五百元上下。内有镶牙馆、布庄、书籍、文具至鞋帽、百货、眼镜、乐器、丝带、博山瓷器、麻葛、绸缎、五金等。而游艺有书词、新剧、二黄、梆子、相声、洋片等，应有尽有。饭馆、理发馆在西，花园、池榭在中央，卫生、公安均极妥适，商人自治精神为各街所不及"。

鼎盛时期的国货商场，经营的货物品种逐渐扩大为日用百货，包括食品、布匹、鞋帽、五金、文具等，商场内还有理发店、照相馆、电影院、书店、旅馆，以及骨科、牙科、皮肤科等门诊。国货商场内，还有金城电影院、新新电影院、庆升戏园、春和戏院、金华戏院等多家影剧院。老舍在济南教书期间住在南新街，因为与劝业场近在咫尺，所以闲暇时他经常到劝业场听书看电影。此外，商场院内的天井空地，后来也挤满了流动摊贩，一些说书卖艺玩杂耍的摊棚就搭建在场地上。

国货商场的鼎盛随着日寇的进犯戛然而止。在济南沦陷之前，山东省主席韩复榘以"焦土抗战"为名，指令纵火烧毁了国货商场，使之变成了废墟，山东国货陈列馆被迫停办。

国货商场自被焚毁以后，冷清了十年，直到济南解放后才又慢慢得到了恢复。解放后的劝业场，先是平掉了战争期间在院内修挖防空洞堆起的土堆，而后又几经整修，重建了不少房屋，使得整个商场的经营规模有所扩大，其中以经营蔬菜副食和土特产品的店家为最多。山东省图书馆也曾在场内东南角的平房内，设立过书刊阅览室和儿童阅览室，每天入内的少年儿童络绎不绝。国货商场内陆续重开了百货、绢花、文具、书籍、布匹、服装、鞋帽、理发、食品、五金等商店。同时，院内的空地上还搭建起大罩棚，方便流动摊贩和说书卖艺之人在此摆摊设点。进入20世纪60年代，国货商场经营规模大为萎缩，除了北楼尚存商店外，商场内的其他建筑大都成了住家户。改革开放后，商场内的经营逐渐恢复，有粮店、书店、饭店、文具店、土产店、理发店、蔬菜副食品店以及照相馆、旅社等经营业态。

1993年贯通泺源大街时，拆除了国货商场，过去的围屏街成为泺源大街的组成路段，国货商场则随之匿迹。

国货商场遗痕

# 大观园商场

*几经沉浮的商业旺地，曾为济南商界的"五朵金花"之首*

　　始建于 1931 年的大观园商场，位于经四纬二路交通大干道的中枢，地处经四路、经五路之间，东临纬二路，西接小纬二路，占地 42 亩，是济南规模较大的综合商场之一。

　　1913 年 8 月，时任山东都督的军阀靳云鹏在今大观园的周围购得 100 余亩荒地。靳云鹏，山东邹平人，后官居皖系伪北京政府国务总理等要职。他利用手中权势，得知济南拟开发商埠的规划信息，廉价购置了这块土地，他企图拓建后投机发财。到 1916 年靳云鹏卸任离济时，百亩荒地除开拓马路占用部分外，还是一片坑洼荒地，聚居着以拉车、推土、要饭为生的百十户贫民，是贫民棚户区。1930 年末，军阀战争暂告平息，社会一度呈现稳定。靳云鹏派杨既清由天津来到济南，准备经营这片土地，创办一个集休闲娱乐与购物消费于一体的市场。当时为了学习开办市场的经验，靳云鹏派两路人马到北京和上海考察，北上的人认为应把市场建成古典式的，南下的人认为应该把市场建成西洋式的，并以上海知名的"大世界"为模板。最终靳云鹏决定效仿上海，建一个济南的"大世界"，借用《红楼梦》中"大

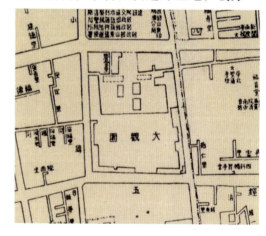

1933 年地图中的大观园

大观园

观园"的名字来命名，并且请了一位德国工程师负责设计工作。杨既清没
有经验，对靳云鹏的设想久久未能实现。

这一商机，恰被做粮栈生意失败的投机商人张仪亭察觉，他承租了这
片土地，开始筹建大观园。1931 年，张仪亭以"长丰房产公司"的名义与
延福堂（靳云鹏家的堂号）正式订立租赁合同。合同规定：张仪亭租用这
42 亩地，年租金 450 元，租期 20 年，期满后地上全部建筑无条件移交延
福堂所有。张仪亭赤手空拳，举着"长丰房产公司"空头招牌，欺骗曾与
英美烟草公司合作过的诸城地主范云峰入股两万元，并利用延福堂靳云鹏
的担保赊购建材两万余元，于 1931 年 2 月、3 月间开土动工。

修建大观园的最初设想是将该地基分为南北两段，即内、外两市场。
商场北段开辟两条东西走廊式通衢，建有酒肆饭铺、布匹杂货、糖果糕点等店铺。南段拟修建四个大型影剧院，即第一剧场（今大众剧场）位于商场东南角；第二剧场（即大观电影院）在西北角；第三剧场即已拆除的新新舞台在西南角；商场中心建造共和厅鼓书场（今大观园商场广场）。在商场的北门拟开设妓艺馆（因故未能实现）；在商场的东南隅建造菜场和全商场供水水塔。商场中心建一座大型开放式花园，从商场北门至商场中心处，架设一座天桥，直达花园上空，游客登上天桥可俯视商场全貌。其设计构思细微周至、宏伟壮观。

后因资金困绌，力不从心，其规划蓝图难以实现，终于改变设计，从简、从速建成商场。于是，在1931年先修了第一剧场和共和厅书场，后陆续建造第二剧场、第三剧场。就这样，大观园商场于1931年9月26日（农历八月十五）仓促开业。商场开业不久，张仪亭经营不善，遂将未建成的第二剧场租与王增元，王增元将第二剧场改建为大观园有声电影院。到1932年秋，商场雏形已建成后，在东北角处设立一个小马戏团，在西北角建造三至五个书棚、杂耍场和江湖卖艺的露天场地。这时，商场内摊

大观园商场（摄于1949年）

大众剧场

贩增多，饭铺也逐渐有十余家。

大观园创建之初，并不以商业见长，而是一个游乐场。据 1934 年出版的《济南大观》一书记载："大观园在商埠四大马路纬二路西，免收门票。第一剧场，京剧；第二剧场，有声电影；第三剧场，评剧。入门为共和厅名姬书场，如筱月楼之京韵大鼓，张筱轩、包和甫之快书大鼓，以及各种杂耍，莫不新巧。门外为杂技艺场，如幻术小戏、卖艺打拳者……"

因为处于商埠优越的地理位置，大观园逐步进入了发展阶段。靳云鹏见此情景，停止为张仪亭担保，并纠集建材债权人向张仪亭追讨债款，欲收回自办。1935 年春，济南地方法院决定拍卖张仪亭经营的内商场以偿还债务。拍卖以投标形式，靳张二人都未得到，结果被以经营房地产为业的兴业公司中标。兴业公司在内商场建起平房二百余间，对外出租。

这一时期，大观园已经发展成为一个比较繁华兴旺的综合型商场，拥有 200 多家业户、400 多个地摊，经营内容涉及杂货、绸布、鞋帽、文具、食品、钟表、照相、理发、餐饮等 20 多个行业。娱乐场所众多且门类丰富，有 3 个剧场，还有新舞台、民生戏园、连升舞台、永乐剧场等，后又建起新剧场；还有大观、国泰两家电影院，前者放映有声电影，后者放映无声电影；有歌舞厅、烟馆、咖啡馆、酒吧、茶馆、算卦馆、妓馆等，包罗万象。济南最早的台球厅——丽华台球厅，济南第一家有声电影院——大观电影院，都诞生在大观园。

大观园内的共和厅书场，也叫"四面厅"，设有藤椅茶座，演唱歌曲、曲艺相声和京剧清唱等，名流会聚。《申报》曾称共和厅鼓书场为"贵族娱乐场"："在这里有贵族化绅士阶级的娱乐场——共和厅鼓书场。共和厅鼓书场就在大观园的北门内。夏日在厅后扎了高的天棚，南花墙下，扎着彩台，前面摆着百十张小茶桌。白桌布、藤椅子，布置倒也清雅，济南鼓界皇后鹿巧玲和许多鼓姬们，每晚来鬻歌。连票钱和茶资，每人约在半元上下。所以劳动阶级者，是裹足不前的……"

晨光茶社是大观园最为出名的曲艺场所之一，1943年，孙少林的妹夫赵大成，花费100包面粉，赁下了大观园东门内狗不理包子铺旁边一个原先演出皮影戏的场子，为孙少林提供了固定演出场所。晨光茶社曾与北京的启明茶社并称为"北启南晨"，济南也被誉为全国曲艺三大码头之一。著名表演艺术家马三立、骆玉笙、刘宝瑞、孙少林等都曾在这里登台献艺。

1937年7月20日的《申报》刊登了一篇名为《济南，平民娱乐场大观园暮晚的动态》的文章，其中鲜活生动地描述了大观园众生相："夏日的暮晚，劳动了一天的市民，除昼伏夜动的报馆编辑，风雨不休的警察们和夜晚工作的艺人外，都要找个地方娱乐娱乐。大观园遂成了一般平民和少数有钱阶级的消夏场所。每至暮晚，有千百的男男女女来此闲逛，大观园立即活跃起来。直到夜十二时许，才渐渐沉寂了……大观园北门外，东北角落有两个小说书棚，几条板凳围成正方形，靠墙放着一张小条桌。桌上一盏电石灯，一把茶壶，两个茶碗和一部旧小说。说书的是个半路出家的，只是按着书本念，有时念七侠五义，有时念刘公案，听书的都是苦力，听一段回头要钱时抛一分钱。东北角落的书棚，比这个稍高级一点，因为他们还有一个布篷。最热闹的要算大观园东门的两家了。一个在路东的小戏院内，一个在空场内，搭了个极大的布篷，都能容纳一二百人，他们连唱加说，都是两三个人合说。听说一晚上，也可赚两三块钱。"

1937年冬，日军侵占济南，战乱给大观园带来了畸形发展和一时繁荣。全国各地来济南谋生的小商小贩和杂耍艺人达200多户，房租上涨10倍到30倍，名噪一时。这一时期，大观园摊点铺户骤增，棉布、广货、干鲜果品等店纷纷开业，修理服务业也日趋齐全，业户多达400余家。一时间，大观园日夜灯火通明，游人川流不息。日伪统治时期，大观园内还有好几家大烟馆，其中最大的"龙云阁"土膏店，可供几十人开灯吸鸦片，还有女招待十余人代客烧烟。大烟馆多数是朝鲜人打着日本人的旗号开设的。

1940年春，内商场突发火灾，大火持续了5个小时，损失惨重。兴业公司无力继续经营，张仪亭遂用各种手段赎回了内商场。1941年5月15日，大观园第二次失火，外商场所有建筑焚烧无遗。张仪亭因为投有火灾保险，避免了倾家荡产。抗战胜利后的大观园商场，变成了流氓多、野鸡多、小偷多、乞丐多、醉汉多的混乱局面。恶棍张焕德勾结上层官府，汉奸张仪亭父子也摇身一变，剥下汉奸外皮投靠了国民党官僚王连仲，仗势欺人。他们这伙人采取高利放债、高租收息等手段，干尽伤天害理的勾当。大众剧场因生意萧条，有的演职员被迫改行，生活陷入困窘，入不抵出，终日不得温饱。大观园里逐渐形成了"三亭""四霸天""四海""十大恶"的黑恶势力，已毫无昔日的繁盛之景。

1948年9月，济南解放，大观园逐渐恢复生机。人民政府对大观园进行了一次大变革，取缔了妓院、大烟馆和算命馆，摔跤的、唱戏的、说书的、杂耍的艺人也都加入了各自的文体组织。1951年4月，张仪亭、张焕德被依法逮捕镇压，大观园全部房产由政府接管，计有790间，建筑面积9561平方米。1952年，大观园成立了"大观园商场管理委员会"。1954年，大观园内的私营工商

大观园商场（摄于1958年）

大观园商场（摄于 1959 年）

业户开始接受社会主义改造，逐步完成公私合营。商场几次扩建，调整了商场整体布局，结构日趋合理，店铺日渐齐全。大观园不仅保持了昔日娱乐游艺和经营百货、服务、饮食综合型商场的特色，并已发展为当时济南市最大规模的综合性商场。1958 年，济南市商业局将其正式命名为"济南市大观园商场"。1966 年，大观园商场更名为"东方红商场"，1979 年 1月，东方红商场再次改为"济南市大观园商场"。

改革开放以来，大观园也在变革中寻找自己的定位。20 世纪 90 年代前后，济南商界有"五朵金花"的说法，指的是位于商埠的济南市第一百货商店、位于泉城路上的济南百货大楼、位于林祥桥西的济南人民商场、位于英雄山脚下的山东华联商厦，以及位于经四路上的大观园商场。这五家商场的市场份额曾经占到济南市全部零售市场份额的 95% 以上，大观园更是其中翘楚，成为"五朵金花"之首。20 世纪 90 年代中期，大观园员工最多的时候达到 2800 人，营业大楼和 12 个专业商店加起来面积 2.4万平方米。当时大观园还有自己的车队，20 多辆车往商场里拉货。1990年和 1997 年，大观园曾先后进行了一期、二期改造工程，建成了连为一体的两座建筑面积 5.4 万平方米的营业大楼。

1990 年改建后的大观园商场营业楼

进入新世纪以后，大观园经营一度低迷，也曾经在一系列改革之后呈现出生机。2005 年，大观园利用庭院式格局，进行仿古建筑改造，恢复传统经营项目。2021 年，大观园斥资近亿元，主要对古建街区及大观园商场进行装饰升级及改造调整，增加服务性与功能性，使之成为现代化的时尚购物中心。如今的大观园，传统文化的基因逐渐被唤醒，努力重回往日辉煌。

# 服务业往事

济南的服务业以餐饮业、旅馆业起步最早，照相业、洗浴业、理发业则在清光绪年间才开始形成。开辟商埠后，胶济、津浦铁路相继通车，城区商贾荟萃，极大促进了服务业的发展。

民国时期，商埠陆续诞生了泰丰楼、聚丰德等诸多餐饮名店，也出现了式燕番菜馆等西餐饭店，诞生了铭新池、皇宫照相馆、大北照相馆等在济南首屈一指的服务企业，还出现了仿照上海大世界兴建的大型娱乐场所——游艺园……商埠的服务业日趋活跃、多样。

# 徐景海与泰丰楼饭庄

专营福山菜，一度成为全济南最大的饭庄

　　"随着几位来迎接的朋友，走进泰丰楼。那时还只有十一点多钟，肚子里一点也不饿，但他们非请吃饭不可。这是济南一家很大的馆子，我们走了进去，只见许多茶房在休息，却没有看见一个客人。

泰丰楼饭庄于 1934 年所做的广告

济南的物价比北平要高三分之一，尤其是煤特别贵，每吨四百万还买不到……在这种情形之下，试问有几个人进得起馆子呢？"——1947 年春末夏初，在一次短暂的济南之旅后，女作家谢冰莹在《济南散记》中写道。文中提到的泰丰楼，今天的济南人听起来已经十分陌生，但在民国时期，它却是济南数一数二的大饭店。

　　1914 年出版的《济南指南》一书，介绍济南中餐馆 15 家，列中餐馆第一位的即是泰丰楼；1927 年出版的《济南快览》一书，列举济南中餐馆 27 家，列第一位的为泰丰楼，备注信息为"酒席馆，但菜味不恶，酒较各处为优"；1934 年出版的《济南大观》一书，列举济南中餐馆 34 家，列第一位的还是泰丰楼，备注信息为"包办上等酒席"。1940 年印制的《济南华人商工名录》一书中，列举了济南饭馆业 93 家餐馆，泰丰楼用工 39 人，为济南饭馆业中最多的。其资本金仅次于式燕饭店和燕喜堂，在济南各餐馆中位列第三。

　　泰丰楼位于经二纬五路西，即纬五路 9 号，有南北两个院落的中式楼房，开业于 1913 年 9 月，在迄今所知的济南饭店业老字号中，开业时间虽然晚于清末即有的锦盛楼（后改称德盛楼、汇泉楼）、九华楼、同元楼、百花村，但早于兴华楼（创办于 1916 年）、文升园（创办于 1917 年）、聚宾园（创办于 1929 年）、又一村（创办于 1930 年）、燕喜堂（创办于 1932 年）和聚丰德（创办于 1947 年）。

泰丰楼有两个院落，可摆 300 余桌酒席，厨师、跑堂的以及杂役等共有百余人，其规模远远超过了最早开业的百花村，成为商埠乃至全济南最大的饭庄。泰丰楼室内宽敞明亮，陈设讲究，古色古香。餐具都是特制而成，盘子等器皿均为细瓷，象牙筷子上镶有银头。设施之好、档次之高，均为其他饭庄所不及。

泰丰楼的菜品以胶东菜系为主，兼顾济南菜系。所谓"胶东菜"，源自胶东的福山，故又名"福山菜"。福山素有"烹饪之乡"的美誉，技艺代代相传，在明清时期就有许多福山籍的厨师享誉京师。福山还是有名的侨乡，在国外的福山人，十之八九都是经营餐馆。

泰丰楼的厨师有不少来自福山，个个都身怀绝技。而泰丰楼创办人徐景海则是胶东黄县人，从少年时期便开始学习烹制胶东菜，经验丰富、技艺高超，炸、熘、爆、炒、烧、扒、焖、烤、炝、拌、汆、烩、蒸、煎、熏以及拔丝、蜜汁等技艺道道谙熟。胶东菜与济南菜是构成鲁菜的两大支系，而又均能独立成章且各有千秋。一般认为，胶东菜以烹制海鲜为主，但实际上胶东菜的用料极为广泛，其风味亦多变而微妙。

泰丰楼的菜品十分繁多，著名的有清蒸鲥鱼、红煨熊掌、吊炉烤鸭、芙蓉鱼翅等，至于其他用海鲜、畜肉、禽肉等食材烹制的菜肴，则数不胜数。

泰丰楼的烧菜尤为出名，如白烧鱼翅、红烧鱼翅、红烧海参、红烧海螺、烧蛎黄等，无不为食客所称道。所谓"烧"，是烹饪技法中变化较大的一种，具有食材广泛、选料严格、刀工精细、操作讲究、注重调味、精于用火等特点。烧制时将生鲜食材或是经过预热的食材先用大火烧开，随即改为中火焖煮，使之入味，最后再用大火将卤汁收浓。成品色泽光润，卤汁少而稠浓，酥烂软嫩，味道醇厚。制作烧菜，因食材、色泽、调味等差异，烧制方法亦有所不同，如软烧、干烧、白烧、红烧、扒烧、焖烧、煎烧等，共有数十种烧法。即便是同一种食材，烧制时亦有变化，如泰丰楼的白烧鱼翅和红烧鱼翅，烧法便不一样，色泽和味道也迥然不同。

泰丰楼的厨师能制作看盘。所谓"看盘"，是用南瓜、萝卜等食材雕刻出各种花卉图案以及其他造型，然后拼摆而成。在高档宴席上，必有一道栩栩如生的看盘，以烘托喜庆祥和的气氛。这种技艺现在已很普遍，但在当时，全济南能制作看盘的饭庄却只有泰丰楼一家。

泰丰楼的甜菜亦有不少种类，如杏仁豆腐、江米鸭子、拔丝山药等。其中的杏仁豆腐，尤以制作精细、甜嫩爽滑而著称。所谓"杏仁豆腐"，其实并不含豆腐，而是选用济南南部山区的金杏之仁作为食材。唐朝段成式在《酉阳杂俎》中记载："济南郡之东南有分流山，山上多杏，大如梨，色黄如橘，土人谓之汉帝杏，亦曰金杏。"文中所说的"分流山"，即现在的分水岭。这一带产的金杏皮薄肉厚，杏仁亦无苦味，可入菜。制作杏仁豆腐，须先将杏仁泡透去皮，加入适量冻粉、大米和白糖，磨成细浆，然后经熬煮、放凉、冰冻等数道工序而成。因其白嫩似豆腐，故名"杏仁豆腐"。上席时，将冻好的杏仁豆腐划成块，周边用改刀后的应时水果围好，上面用京糕丁或是鲜樱桃点缀。在高档宴席上，杏仁豆腐是一道绝好的甜点。

泰丰楼自开业以来，政府官员、富商巨贾经常在这里聚宴，许多外籍人士亦频频光顾，徐景海因此而结识了一些外商。有位日本商人在济南多年，经常到泰丰楼宴请宾客，与徐景海相识后成为好友。这位日本商人有个女儿，名叫佐藤孟江，也和泰丰楼结下了不解之缘，留下一段佳话。

佐藤孟江于1925年生于济南，从小就在济南生活与读书。佐藤孟江对鲁菜情有独钟，16岁时跟着一位摆小摊卖松子肚卷的师傅学做鲁菜，并因此而经常逃学。日本商人得知以后，屡屡劝阻，但佐藤孟江依然故我。日本商人见女儿如此痴迷，只好送她到泰丰楼学习鲁菜的烹饪技艺。佐藤孟江颇能吃苦，拉风箱、扒炉灰、倒泔水，什么脏活累活都干。在以后的数年间，泰丰楼的厨师们向佐藤孟江悉心传授技艺。而佐藤孟江悟性极高，一学就会。1948年，佐藤孟江回国，徐景海在家中设宴，并亲自掌勺做了

70 多道菜，为佐藤孟江送行。

佐藤孟江回到日本后，于 20 世纪 60 年代末在东京开了一家鲁菜馆，取名为"济南菜馆"。几十年来，佐藤孟江与丈夫在经营菜馆的同时，还坚持举办鲁菜培训班，培养了一大批鲁菜厨师。自 20 世纪 80 年代以后，佐藤孟江夫妇每年都要带着弟子们来济南，与济南烹饪界高手切磋技艺。2004 年，佐藤孟江第 50 次来济南时，山东省烹饪协会向她颁发了"中国鲁菜烹饪特级大师"荣誉证书。

关于泰丰楼，佐藤孟江有深刻的记忆："泰丰楼论其规模论其口味当属济南首届。泰丰楼店面是个面临城里主要街道很具气派的三层建筑，正冲着楼前的是中心庭院，一层靠里的一半是厨房灶间，从前厅和部分客席处可以看见里面烧菜时蹿起老高的火焰。入口侧面的账房处吊着一面铜锣，进来几位客人就敲几下锣。二楼和三楼则全是包间。在面对着中心庭院的凉台上站着一个男童，他的职责是将走菜的进度情况传报给厨房。店内共设二百个客席，厨师、跑堂的有好多人。"

泰丰楼的厨师长名叫钟兴利，他当时五十四五岁的样子，从 15 岁左右时就当小伙计进的泰丰楼，他性格倔强，典型的手艺人做派。最初，钟兴利严词拒绝了店主让他带日本女徒弟一事："这可不成，女人不能进厨房。"而接下来的四五天，他被这位日本女孩磨得没了脾气，破例允许她在厨房外围烧火和饲养鸡鸭活物。当时，泰丰楼的高档炖煮菜用干粪做燃料，用它烧出的火既不太猛，又文文地有持续力。而炒菜和炸货，则用能产生硬火的焦炭。

钟兴利拿手的菜是爆炒和炖煮。具体的菜例有爆炒鳝鱼和油爆蛎黄，鳝鱼和牡蛎进口后柔软可口，有种鲜活的口感，正是运用了爆炒的方法。还有清炒豆苗，这道菜将油热至冒烟时，速将豆苗放入锅内，仅翻炒一回盛出即可。这道菜初尝会觉得似熟未熟，而入口的感觉是清脆与水灵，接着便会品出美味在口。炖煮菜肴中称得上绝品的是煮熊掌，钟兴利做这道菜时杜绝酱油，用的是奶汤和中药调味料以及盐，奶汤用鸭、猪蹄、牛胫肉、鸡架骨合煮而成，熊掌放入这种汤中，再加入香料，炖煮数个小时后，美味至极。

泰丰楼的调料架子占据了一面墙，上下有十层，横向有六七米宽，架子上摆满了三百来个玻璃瓶。钟兴利字不会写，书不能读，可他脑子里牢牢记得各种菜品的烹制方法及各种秘诀，这些调料说起来足有不下几百种、几千种的配比组合，他都能运用自如。

伴随着时间的推移，钟兴利越来越认可他这位日本女徒弟。1945年日本宣布投降后，他曾对佐藤孟江说："你要是不走，我会把我的本事都教给你。"1948年4月，当佐藤孟江不得不和家人一起撤回日本时，钟兴利又和他所有的厨师伙计带着厨具、食材赶到女徒弟家中，大家一起动手，一阵忙活后变出了包括冷盘九品在内共计68道菜。半个多世纪后，佐藤孟江依然记得当时的每一道菜。

一代名店泰丰楼于济南解放前歇业。其部分人员又在经三纬四路开办了大华饭店，菜仍保持了原泰丰楼的特色。1984年《济南饮食行业志》在介绍解放初的饭店时，列举济南大型饭店5家，它们依次是大华饭店、聚丰德饭庄、聚宾园饭庄、燕喜堂饭庄和汇泉楼饭庄。1960年大华饭店撤销，全体人员转去新建的五里牌坊饭店。

泰丰楼歇业的前一年，一家标榜堪比泰丰楼"烧"菜技法的饭店——聚丰德开张了。聚丰德原位于经三纬四路口，前身是始建于1937年的长安饭店，后改为紫阳春饭店。1947年8月，由原紫阳春饭店的王丕有、王兴南、程学礼、程学祥等七人集资凑股，在已经停业的紫阳春饭店的旧址上，重新创办聚丰德饭店。聚丰德饭店的名字，是从当时三个大饭店中各取一字，即"聚宾园"的"聚"字、"泰丰楼"的"丰"字、"全聚德"的"德"字，旨在尽取各家烹饪之所长。程学礼任经理，王兴南负责案子，程学祥负责炉子，李长运负责柜头，店内堂、灶、柜、案各工种人员齐全。聚丰德开业以后，在烹调技艺上博采众长，保持传统风味，迅速成为济南餐饮行业的佼佼者。开业仅一年多，聚丰德就成了政府部门、工商界人士、社会名流宴聚的主要饭店。

聚丰德以经营鲁菜为主，菜肴选料精、下料准，配料齐全，刀口均匀，

聚丰德（摄于 20 世纪 70 年代）

火候适度，色、香、味俱佳。20 世纪 50 年代后，聚丰德的经营稳步发展，生意越来越兴隆，在饭菜品种、烹饪技术等各方面，在济南独占鳌头。在 1956 年 4 月举办的"山东著名产品及手工艺品展销会"上，聚丰德饭店的 41 个名菜、名点挂牌展销，省内外宾客和同行慕名而来，盛况空前。展销会后，葱烧海参、油爆双脆、蟹黄双翅、黄焖鸭肝、九转大肠、烤鸭等十几种菜品被收录到 1956 年出版的《中华名菜谱》中，后来被收录于《中国菜谱》《山东名菜》等书中。柬埔寨西哈努克亲王、法国原总理吉·德斯坦等，都曾品尝过该店饭菜。

1956 年，聚丰德实现公私合营。1960 年，在原地翻盖了两层营业楼，营业面积 500 平方米，从业人员 64 人。"文革"时期，曾改名为"工农兵饭店"，只经营烧饼、油条等大众化饭菜。1988 年 10 月，饭店迁至经五纬二路新址营业。新建的营业大楼高五层，建筑面积 7000 余平方米，一层为中式快餐，二层为宴会厅和零点厅，共有餐位 500 多个，为当时济南规模大、档次高的商业饭店，使这个鲁菜老字号名店达到了历史上辉煌的顶峰。2006 年，聚丰德成为了国家商务部认定的全国首批中华老字号。不经意间，聚丰德以另一种方式延续了泰丰楼的鲁菜传奇。

# 雍少泉与式燕番菜馆

中国人在济南开设的第一家大型高档西餐饭店

　　"西餐馆则以式燕为最老，地方宽敞，应酬周到，各机关中人请客多利用之，惜其价格较各处贵。"上述记载见于1927年出版的《济南快览》一书。该书共列有当时济南的西餐馆6家，其中式燕居首位，所在地为萃卖场，电话为888。萃卖场位于经三小纬六路，与万紫巷、新市场、西市场一样，是济南商埠有名的商场之一。

　　作为济南西餐业中的著名老字号，在今天能查到的民国文献中，对式燕有数次记载，其名称有式燕番馆、式燕番

1938 年立体地图中的萃卖场

菜馆、式燕饭店、式燕饭庄等。1919年《济南指南》一书记载："西菜馆每客价目有三元、二元、一元五角、一元各种，但酒价在外。式燕饭店：商埠萃卖场。"1934年《济南大观》一书记载："萃卖场，在商埠三大马路，与中山公园毗连。百货荟萃，内有茶楼、鼓姬及占卜问卦者，式燕番菜馆亦居于此。"该书所列西餐饭店有明记德西餐部、石泰岩等8家，式燕番菜馆列第三位。1940年济南日本商工会议所编著的《济南华人商工名录》一书中，西餐业所列餐馆有新亚、式燕、五大牧场和美士林4家，其中位于小纬六路的式燕开业于1927年，职员25人，资本金3万元，为四家中

最多。该书饭馆业条目中所列饭馆有93家，其中位于小纬六路的式燕饭店开业于1918年，职员18人，资本金18000元，也是最多的。其余92家饭馆中，只有百花村、泰丰楼、燕喜堂三家资本金超过了1万元。该书对式燕（番菜馆）和式燕饭店的两处记载中，首次提到其经理人为雍少泉。

式燕番菜馆创建于民国元年（1912），位于济南市经三小纬六路萃卖场二楼，是由中国人在济南开设的第一家大型高档西餐饭店。此前，德国人石泰岩于1904年在经一纬二路开办了济南首家西餐馆石泰岩饭店。式燕番菜馆创立后，在相当长的时间里是济南唯一可以与石泰岩饭店分庭抗礼的西餐饭店。

式燕番菜馆最初是由十数位在青岛经商或在洋行供职的人合资创建的。清末，平度人雍少泉（本名雍文清，少泉是他的号）在青岛经商失利，意欲来济南寻找出路。当时济南刚开埠，他的一位挚友也打算来济南寻求发展，于是联袂同行。到济南后，他们感到最迫切需要解决的是，尽快找到一个合适的处所以便大家聚到一起，迅速开展工作。那时恰逢萃卖场已经建成一座三层楼房，仅一楼辟为商场，二楼、三楼都还闲置。这一地方恰好被来济急于找房子的雍少泉和朋友看中。他们立即萌生出在此开饭店的念头，此想法得到青岛诸朋友的赞同。在西风渐兴的当时，他们决定开风气之先，建一座西餐饭店。因为，当时西餐馆在青岛已经是随处可见，且效益可观。

雍少泉的朋友当中，不乏有识之士，有的还刚刚留学归来，具有一定的新思想。一位精通诗书的朋友根据《诗经·小雅·鹿鸣篇》中的诗句"我有旨酒，嘉宾式燕以敖"，取"式燕"二字为饭店之题名，当时统称外国的饭菜为番菜，于是，拟创建的西餐饭店全名就叫式燕番菜馆。每人出资100银元，以股份制集资筹建，公推德高望重的雍少泉担任经理一职，当时他39岁。经过紧锣密鼓的筹备，式燕番菜馆于民国元年正式开业。

式燕番菜馆占用了萃卖场二楼的全部，正门设在小纬六路东的一个大门内，进门有一个比较宽敞的院落，锅炉房、储藏室、员工宿舍、厕所均在院中。院内还有可停放十数辆人力车的空间，夏季可在院内施茶，冬季严寒时人力车夫及贩夫等可就锅炉房取暖。二楼除账房、厨房、前台外，共划分为大小 12 个房间，走廊以北为大房间，最东边两个大房间就在中山公园西侧，凭窗远眺，园中假山茅亭等尽收眼底。夏秋季公园中树木翁郁，清风送来花香草香，如置身于大自然之中。环境之优美，无与伦比。南边一排小房间更显小巧雅致，凭窗可尽赏萃卖场大广场上的要猴等杂技表演。12 个大小房间总共可以容纳 100 余人同时就餐。店内从装饰到各种用具的摆放都经过精心设计，桌椅统一定制，整齐划一，高档的窗帘，名贵的壁画配以各色灯饰，处处显得高雅华贵。冬有暖气，夏有电扇，使客人无酷暑严寒之虑。员工共有 30 余人，都经过一定礼仪训练，统一着装，摆台者为白竹布大褂，熨烫平整，一日一换。最初的厨师是从亚细亚石油公司请来的，厨艺精湛，厨房设备以及各种用具包括刀、叉、碗、盘，均购自国外，各种罐头、洋酒、咖啡、奶油、炼乳、巧克力及烹调用料无不是选用世界名牌。

在经营过程中，式燕番菜馆聘请的一位名叫王鹤文的大厨烹调技术之高，更是闻名遐迩。他所烹制的各种菜品，无一不是色香味俱全，如烤小鸡，首先选用半斤以内的小鸡，烤得外皮黄中透红，色彩鲜艳，外脆里软，肉嫩骨酥，一刀切开，浓香扑鼻。炸大虾是通红的虾与翠绿的生菜相配，仅从感官上看就是一幅美丽的图画。加上诱人的香气，不仅可以大饱口福，也是一种美的享受。他所调制的汤，诸如鸡绒鲍鱼汤、牛尾汤、芦笋汤都是浓淡适宜，口味绝佳。烘烤的各种点心，更是别具风味，非常适合中国人的口味。每一个第一次来吃西餐的人，都会对这里

民国时期的西餐厅后厨

留下深刻的印象。这对式燕番菜馆以后的兴旺发达起了举足轻重的作用。式燕番菜馆在"七七事变"前夕，经营达到鼎盛，当时每天晚上，店内都是座无虚席，候在店前、院内等待拉客的人力车则有数十辆。

自民国元年开店到民国三十七年（1948）去世，经理雍少泉一直苦心孤诣地经营着这个番菜馆。以诚待人，取信于人，是他一生恪守不渝的信条，也是饭馆的经营之道。对店中伙友，他一视同仁，从不以一店之主自居。每天与伙友同劳动，上座高峰前，他就站在前台迎来送往，接待顾客。他与伙友干同样的活，却从不与伙友一样分取小费。当时开饭店的不管中餐、西餐，顾客都要付小费。明文规定小账加一。所以每天小费的收入相当可观，生意兴隆时，尤为惊人。小费的分配不是按人平分，一般职务越高，拿的份额越大。当时店员的工资都很低，主要收入就是小费。小费一般都可达到工资的十几倍。有些有钱人一高兴，付小费时不是按规定加一，而是加二加三，有时甚至把零头补齐，索性给一个整数。而雍少泉本人只拿单纯的工资，从不参与小费分配。

值得一提的是，雍少泉经营西餐饭店几十年，从未吃过一道大菜。他一生素食，不吃肉鱼。虽然西餐中也有不少可吃的素食，但他也从不食用。他对子女的要求相当严格，不允许子女到店里来吃喝请客。他每天回家也从未把店里好吃的东西诸如点心、面包、罐头等带回家。他在店里主要的食物就是面包头。当时大面包的形状是两头尖，给客人上面包的时候，要把两头切下来，自己食用或用来做面包渣。他所吃的就是这种切下来的面包头。有时没有面包头就吃一盘炒米饭。

雍少泉对己俭朴过甚，对人却慷慨有加。他对每一个伙友的家庭情况都了如指掌。每逢过年回家，凡家在农村有老人病人的员工，都会额外多给他们些钱，每遇员工家中发生了什么事，只要向他求助，他必然立即吩咐账房根据需要在他名下支取付给员工。所以在这个店里，伙友们爱店如家，把经理看作自己的长者，从来没发生过什么劳资纠纷。

雍少泉的济人助人，不是限于一时一处，而是几十年如一日。受他救助过的人不计其数。如一汤姓男子因病赋闲，六口之家无生活来源，求到他时，他满口应允，每月付给生活费，一救就是十余年。后来，汤的儿媳在严薇青先生家做工，被严先生知道了这件事，严先生就把救济这一家人的事情接了过去；他的一位尤姓友人之子，考入大学不久家庭突遭变故，面临辍学，他立即伸出援助之手，使其顺利完成学业。后曾被保送出国深造，这个人就是后来全国闻名的麻风病专家尤家骏。

"七七事变"后的一段时期，济南一度百业凋零，饭店更是难以维持。在这一时期内，凡在济南有家的老伙计都自动不来上班，每当有请大客的时候才来，为的是减少店内伙食开支。大厨主动离职，以减轻店里负担，员工们冬季停暖气，安装大炉，夏季停冰箱，节约开支。到新中国成立前夕，饭店已不能维持，全靠变卖设备、家具、刀叉、原料等度日。在极端不景气的情况下，饭店曾短期出租给胡姓、李姓老板经营。

鲜为人知的是，雍少泉在济南餐饮业打拼几十年，没有购买房产，一生布衣粗粮，出门步行，困难时几乎无隔夜之粮，他去世前贫病交加，连看病的钱都没有。1948年初，他去世后没有发讣告，没有口头通知任何人，但次日一早前来吊唁的人却排成了长队。1949年，因萃卖场房主卖掉房子，式燕番菜馆最终宣告歇业。此时拖欠员工工资状况已相当严重，而最终无一人讨要。这件事当时在社会上引起极大反响。

# 张月祥与便宜坊饭馆

*天津人在济南开设的小饭馆，把锅贴做出了名堂*

　　济南有一家主营锅贴的便宜坊饭馆，位于老商埠区经三纬四路附近，至今仍在经营。

　　济南便宜坊创办于 1933 年，创始人是天津人张月祥。张月祥自幼在天津便宜坊饭馆当伙计。1926 年天津发大水，他无以为生，流落到济南，先是在纬四路子云亭饭馆当伙计，后来他略有积蓄，恰巧 1933 年治梅斋饭馆因经营不善关闭，他便联合了戴长仁、高玉祥、张增琴、雷希生、李庆林等 6 人，共集资银元 1200 元，顶下了治梅斋，并在其经三纬四路 129 号治梅斋旧址开设了便宜坊饭馆。因张月祥非常仰慕北京的便宜坊，便给自己的新店也取名为便宜坊。

　　便宜坊是小型饭馆，开业时全部使用面积不过 60 平方米，有职员 3 人，练习生 2 人，工匠 4 人，杂役 3 人，总共雇佣人员只有 12 人。因为人员少，所以各股东也得参加劳动。

　　便宜坊所在的经三纬四路，当时是饭馆林立的闹市区，又一新、子云亭、大华等饭馆都在这个地区。比起这些饭馆来，便宜坊不论在规模上、资金上都相形见绌。便宜坊几经钻研，终于把锅贴做成了店面特色。锅贴属于煎烙馅类的食品，既可以当主食，又可以当菜吃，价格便宜，很受老百姓的欢迎。当时的济南，以锅贴为主打食品的饭馆有数十家之多，远的，有当时院前街（今泉城路）的金城村饭馆；近的，张月祥曾经打工的子云亭也是做锅贴的，常把调制好的海参、虾仁、鸡蛋、蒲菜等锅贴馅料摆在门口吸引顾客。

便宜坊今貌

　　张月祥有做锅贴的手艺，在他的改良下，便宜坊打造出了具有自己特色的锅贴。便宜坊对锅贴的制作非常讲究，要求是皮薄、馅多，注重馅的质量。便宜坊主营的是三种馅料：三鲜馅、猪肉馅、素馅。三种馅料都必须配有适合时令的应时蔬菜，比如春天配韭菜，夏天配蒲菜等。

　　制作时，每斤面要擀出 40 个标准的馅皮，包入馅料，左手托面皮，右手的拇指与食指捏起中间的面皮边缘，轻轻捏严，两端留口，微露馅料。包捏两三斤之后，便可以向平底鏊锅内摆放。摆锅也有讲究，首先要在平鏊内淋一层花生油，再把锅贴紧紧摆放整齐，以便熟后锅贴之间不相互粘连，再淋上清水，然后盖上锅盖，焖煎约 8 分钟，揭开盖子再淋上一层花生油，再焖上一会儿，即可起锅。起锅的时候，要用长而平的锅铲顺底铲起，翻转锅贴，使其底面朝上装入盘内。这样制作的锅贴，底面深黄、酥脆，两端张口，馅料微露，色泽诱人，味美可口。

　　便宜坊除了经营锅贴之外，还经营诸如豆沙包、灌汤包等面食。因为张月祥是天津人，所以这家店的菜多多少少有些天津风味，如主打菜是津菜的"四大扒"——扒海参、扒鸡腿、扒猪肉、扒面筋和元宝肉。

便宜坊除了它所经营的名吃受到广大顾客欢迎之外，热情周到的服务，也是它成功的原因之一。顾客只要一进门，小伙计就主动迎上前去打招呼，找好座位请客人坐下，再端茶、倒水、送热毛巾，并拿来筷子、汤碟，送上菜谱，然后问："客人想吃点什么？"当客人吃过饭后，随即送茶水、毛巾、漱口水、牙签，并对客人说："吃好了，先生？"然后向会计报账，说明饭钱多少、菜钱多少。如果客人给了小费，则说明小费多少，而且还要说声"谢谢"。另外还可以给店外顾客送饭，如有的客人打来电话或口头通知预订饭菜，饭馆即派人挑着提盒送往客人指定的地点。便宜坊饭馆不计工作时间，每天晚上直到没有客人来吃饭了，才算下班。除以上服务外，该店还能做到以诚待客，童叟无欺，因而受到广大顾客的信赖。

正由于济南便宜坊饭馆有这些特色，再加上服务热情周到，所以在20世纪三四十年代便宜坊就名噪泉城。那时京剧艺术大师梅兰芳、尚小云、奚啸伯等名角，在济南北洋大戏院唱完戏后经常光顾便宜坊，品尝这里的招牌锅贴。据说，连当时的山东省政府主席韩复榘也常品尝便宜坊的锅贴。

便宜坊饭馆自开业以来，生意一直兴隆。但到了1937年底，济南被日军占领，生意逐渐萧条。到1945年日本投降时，饭馆资金短缺，濒临破产。日本投降后，张月祥又另找股东，吕梅生、李庆文等入股，这样三人每人集资20袋面粉，便宜坊又以这60袋面粉为资本重新开张，仍以经营锅贴为主，生意又逐渐红火起来。

济南解放后，便宜坊得到人民政府的扶持，1951年重新领取了企业登记证，集资776万元（旧币），并推选张月祥为经理，继续营业。1956年公私合营时，大华、又一新等饭店及几个豆汁坊合并到便宜坊，饭馆也随之扩大。20世纪70年代末，便宜坊又加以扩建。1986年，便宜坊的锅贴被评为"济南风味小吃"。

与便宜坊的锅贴相似，过去商埠还有一家靠着做包子闯出名堂的草包包子铺。今天的草包包子铺位于普利街路北。很少有人知道，草包包子铺曾开在商埠的繁华之地大观园,之后才搬至普利街。

草包包子铺的创办人张文汉,是济南北郊泺口镇人。泺口镇是大码头,盐运带来的商业繁盛,使泺口拥有纪镇园、松竹楼和四季春等30余家饭庄,这里的糖醋黄河鲤鱼、清汤鲫鱼、瓦块鱼等名菜口味独特,与济南城里馆子做的味道不同。张文汉最初投靠到纪镇园饭庄名厨李安名下当伙计。他生性憨厚、木讷寡言,终日烧火、择菜干杂活,故师兄弟们给他取了个"草包"的外号,没人喊他的大名了。

抗战爆发后,日军从华北一路南下直逼黄河附近,张文汉举家逃到城里,他打算开家包子铺维持生计,但又苦于没钱,便向其本家、名中医张书斋等人求助。在张医生和友人的帮助下,张文汉在西门里太平寺街南首路西租得铺面板门房两间及一个套间,置办了蒸笼、铁铜炉灶及风箱,而桌椅板凳和锅碗瓢盆都从亲友处借来,面粉由张医生资助。一切准备就绪后,张文汉请张医生为店铺起个响亮的名字,张医生说就叫草包包子铺吧。包子铺就这样开了张。

张文汉虽然反应愚钝,但在大饭庄干了多年的杂活,做包子还是极为拿手的。在包子馅料的制作上,张文汉用刀切肉馅,配以笋丁、蛋糕丁等,并以老渍酱油、小磨香油精心调制,谓之三鲜馅。以新面发酵好,制作包子皮,捏成菊花顶包,上笼屉蒸十几分钟,出笼时将脱底的、冒油的拣出,不上盘。这样做出来的包子馅多、灌汤、皮薄、鲜香、味美。顾客日益增多,口碑良好,渐渐有了名气,两三年间有了一些积蓄。

草包包子铺今貌

草包包子铺的生意虽好，但太平寺街过于僻静。不满现状的张文汉便托人到大观园北门里西侧租了两间房子，将包子铺迁到这里，生意迅速红火起来。此时的大观园恶霸横行，看见包子铺生意红火便心生歹意，有个叫肖伯海的恶霸唆使其爪牙经常到包子铺寻衅刁难。加之地痞流氓不时的吃拿卡要，老实的张文汉硬撑了三个月后，只得停业，再次搬迁。

20世纪40年代初，张文汉将包子铺迁至普利街冉家巷口泰康食品店东邻的两间铺面房，重打锣鼓又开张。除包子外，还增添了炒菜，尤其清炒和油爆菜渐渐做出了名堂。生意虽有起色，又添了酒菜，但较之大观园时仍大为逊色，营业仅可维持。

1948年9月济南解放后的第二天，国民党的飞机对城里狂轰滥炸，包子铺西邻泰康食品店的山墙被炸塌，压塌了包子铺，张文汉一家五口及其内兄均被压死在了瓦砾中，仅其妻一人生还。济南解放后，草包包子铺由张文汉生前好友何俊岭等人收拾照料，重新开业。不久，因合伙人之间意见分歧而经营不力，何俊岭便将店务全盘交给做过大华饭店厨师的亲家绳华泰代为经营。1956年公私合营，草包包子铺归入济南饮食公司，重修门店，增加了人员，增设了早点业务。

无独有偶，就在草包包子铺迁去普利街之后，又一家专营包子的饭店在大观园开张了，这就是天丰园。

1943年，商人魏子衡在商埠大观园开设了一家饭店，名叫天丰园，专营天津风味的包子。天丰园的后厨基本都是天津人，魏子衡从天津聘请了以李志文为首的十名厨师，烹饪津味菜肴，制作天津风味的包子。天丰园的包子也号称是"狗不理"，其制作方法和天津狗不理是一脉相承，选料、配料、制作方法都照搬天津的做法。天丰园售卖的包子，形如菊花，面软适口，灌汤鲜美，油而不腻。一时间，人们都知道大观园里有一个天丰园狗不理。20世纪90年代，天丰园的狗不理猪肉灌汤包被评为"济南名优（风味）小吃"。

几十年过去了，便宜坊、草包包子铺、天丰园仍在经营，锅贴与带着荷香味儿的包子，仍是老济南人的心头一好。

# 张鸿文与皇宫照相馆

*济南曾经首屈一指的照相馆，留下了无数人的回忆*

　　皇宫照相馆位于经三路 108 号，从 1932 年开业至今，没有迁过址，没有停过业。在其创办的 90 年间虽然几经易主，也经历过几次大的技术革新，但依然顽强地生存下来，而且生意越来越红火。时至今日，这里仍是不少老济南人拍全家福和肖像照的首选。

　　济南的照相行业发展比较领先，开埠前就有耀华和容芳两家照相馆在老城内的芙蓉巷营业。1927 年《济南快览》一书记载，当时中国人开设的照相馆已有 16 家。1940 年，济南开办的照相馆多达 60 家。

　　1930 年，河北冀县人王鸿逵与青州人王贻文在经二路合开一家鸿文照相馆，照相馆各取二人名字中一字，命名为"鸿文"。鸿文照相馆开办两年后，一位名叫张鸿文的人来到馆里冲洗照片。

　　张鸿文出身贫寒，早年曾任冯玉祥将军的司机。在韩复榘出任山东省主席后，他当上了济南市工务局局长。张鸿文看到和自己同名的照相馆后，顿时来了兴趣，也想开一家照相馆。1932 年，张鸿文在经三纬四路以每月 33 块大洋租下上下两层各三间的门面房，做起了照相生意，并给照相馆取名"皇宫"。皇宫照相馆的门面装修得颇具特色，有两大四小六根半圆浮雕龙柱，门两侧的大龙柱上雕有"皇宫照相馆"几个猩红大字，每个字的周围安有小彩灯泡数盏，很是气派。

　　张鸿文专门从北京请来两名高级技师，购进外拍机和转机，提供人像之外的外拍以及大型合影业务。此外，皇宫照相馆室内挂有各色布帘调节光线，下面利用反光板打辅助光，并配有各种布景和道具。当时济南有

21家照相馆，从店堂到设备再到技术力量，皇宫照相馆都首屈一指。1934年出版的《济南大观》一书，称皇宫照相馆为"济南摄影的权威者，不但价目极廉，而卡纸、相版俱属摩登，放大、设色更为特长"。

皇宫照相馆自称："是济南摄影界的权威者，艺术超群，设备富丽，而价目则极低廉。"皇宫照相馆做过这样一则广告："高堂双亲，面容慈祥；儿女乐趣，活泼满堂；新婚燕尔，琴瑟和鸣；兄弟雁序，埙（xūn）篪（chí）同章；良朋盛聚，曲水流觞；游山玩水，混俗和光——皆人生之乐事也。"这些美好的场景如何得以保留呢？"请君即赴商埠公园东皇宫照相馆摄影以留纪念，庶不致俯仰之间已成陈迹。"俗话说"天下没有不散的宴席"，但有了皇宫照相馆，"从此，天下有不散之宴席"。

皇宫照相馆开业后，张鸿文常为店里招揽生意，如上级来山东视察、社会团体来访等大型合影照，都是由皇宫照相馆操刀。张鸿文也经常陪同一些军政要员前来照相，如果遇到出门不方便的社会名流，他还会派自己的小轿车接送，借此，张鸿文发了大财。就在皇宫照相馆生意最为兴旺的时刻，日本人占领了济南，张鸿文跟随韩复榘逃跑，把皇宫照相馆扔给了其父

刚开业时的皇宫照相馆

张学慧打理。

日伪时期，皇宫照相馆收入不断下降，店员、学徒大量出走。日军对照相馆、报社、书店的控制甚严，照相馆每天都要把照片送到日本宪兵队检查、盖章。到 1942 年初，昔日顾客盈门的皇宫照相馆已冷冷清清。张学慧年事已高，已经无力经营照

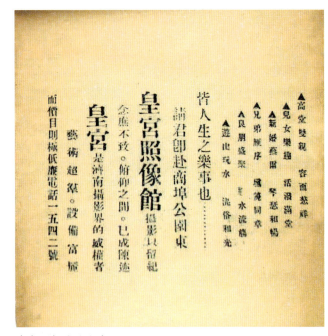

皇宫照相馆的广告

相馆，无奈之下，只得将皇宫照相馆转让，设备全部出租。

1942 年 4 月，与皇宫照相馆相邻的容彰照相馆技师白树元、王誉重合资承租皇宫照相馆。在二人的努力下，照相馆的生意逐渐好转。在办理营业手续登记注册时，白、王两人在字号"皇宫"之后，增添了"昌记"二字，以示区别。皇宫照相馆易主之后，面貌焕然一新，不出一年，又再度振兴，成为全市声誉最高的照相馆。

1947 年秋，张鸿文挂着国民党少将军衔回到济南。张鸿文看到自己创办的皇宫照相馆落入他人之手非常恼火，让白、王二人破了点财，赔礼道歉方才无事。抗战胜利后的三年里，来照相的顾客络绎不绝，从省里的头面人物何思源、王耀武到平民百姓，日日门庭若市。

1956 年，皇宫照相馆实现公私合营。此后的十年间，是皇宫照相馆经营的高峰期。当时，皇宫照相馆与青岛天真照相馆一起被上级定为全省两家特级店，成为全省声誉最高的照相馆。当时济南但凡一来中央的领导人，肯定就是皇宫照相馆的老师傅出去跟拍。1960 年 10 月 14 日，梅兰芳

先生率梅剧团来济南演出，同样邀请了皇宫照相馆的摄影师到山东剧院拍摄剧照。1962年9月28日，由著名电影明星张瑞芳带队的上海电影演员剧团应邀来济南演出，有高博、李明、张雁、阳华、汪漪、赵丹、上官云珠、王丹凤等。12位明星来济南后，到经三纬四路附近的皇宫照相馆，让摄影师为他们拍下合影。离开济南前，徐俊杰、赵丹、任申、康泰和冯笑又请来了皇宫照相馆的摄影师，在剧院门前拍下五人的照片留念。

20世纪60年代，皇宫照相馆被改名为红艺照相馆，别具一格的皇宫门面也遭到破坏。1987年，皇宫照相馆恢复原名，后经过整修，恢复了原来那种古色古香的容貌，同时还增设了照相器材、彩色摄影、相机修理等服务项目。2004年，皇宫照相馆改制成为股份有限公司。

20世纪30年代，与皇宫照相馆一样赫赫有名的还有一家大北照相馆。

大北照相馆在济南市很有名气，门面建筑豪华，内部设备先进，在同行业中属于一流的照相馆。早年济南的照相馆大多为广东人所开，20世纪初在院西大街、司马府东院开办的曾鸿太照相馆的老板便是广东人曾泽廷。到了20世纪30年代，曾鸿太的生意不好，业不抵债，老板便返回广东。店里有两个开店之初就在这里的老伙计王风江和张延典，便与另一个合伙人袁洪英一同在商埠经二纬一路的福禄寿药房的二楼开办了福禄寿照相馆。当时生意很好。不久袁洪英想独揽生意，将王、张二人赶走。无奈之下的王风江和张延典只好另起炉灶，每人出资小麦300斤，在同样位于经二路的昌和洋行二楼，创办了大北照相馆。

大北照相馆开业之初，因投资少，设备简陋，生意不佳。后来，他俩看到济南当时规模最大、行当最多的综合性市场大观园的生意火爆，想到那里去发展。但大观园寸土寸金，又有恶霸把持。于是他俩委托在大观园开布庄生意的赵德茂出面，又请客又送礼，花了不少钱，终于在大观园市场东面买了两间铺面房，购置了一架8英寸照相座机和一架旧的12英寸座机，于1938年开业。

大观园的客流量大，大北照相馆又讲求服务质量和信誉，生意很快火了起来。经营场所也由最初的两间门市扩充为两层楼，还装上了电话，在大观园市场有电话的买卖家独此一家。为满足顾客需求，提高摄影水平，大北从楼上租了四间房子搞成了当时照相馆最为时兴的玻璃房，购置了新的 12 英寸座机及其他设备，从北京聘请了摄影师和底片修版师，把好照相、冲底片、修版、洗相、放大、着色到出成品各个环节，一点不马虎。他们还在同行业中第一家增设飞机、汽车、轮船、小羊拉车等道具和立体布景，并配有结婚礼服、戏装租赁业务。

他们在经营上同样注重广告宣传和氛围营造，店堂内外陈设富丽堂皇，一年四季更换时令鲜花。他们不仅在电影院和报纸做广告，还在济南人流大的大路口做巨幅广告。每到过年和正月十五，大北还专门扎制大型牌坊、挂满彩灯，设置跑马自动转灯，请军乐队吹吹打打，烘托热闹的氛围。大北还特别注重人际关系的维系，对内订立师徒合同，养成尊师爱徒的风气，两位经理与伙计同吃同住。对外善结人缘，上至达官显贵，下至普通顾客，都做到以礼相待。大北店面里悬挂着很多名人像。有了名人效应，前来照相的人才络绎不绝。距离大北不足百米的地方，是著名的相声园子晨光茶社，大北的两位老板乐观向上，特别喜欢听相声，是晨光茶社老板孙少林以及夫人刘艳霞的忠实观众，出勤率比有的演员都高。

他们发现曲艺界的明星大腕儿来晨光演出的特别多，这对于大北照相馆来说，可是一个很好的商机。他们找到晨光茶社老板孙少林，想邀请晨光茶社的演员及家属到大北照相馆免费照相。但前提是京津两地的名人来到晨光茶社，也请他们到大北照相馆免费留影，孙少林很爽快地应允。于是，当年大北照相馆悬挂的大都是相声名家的照片，像马三立、孙少林、侯宝林、刘宝瑞等大幅头像都在此长时间"亮相"。

有一年，裘盛戎来济南演出。大北老板找到孙少林，请他和裘盛戎到照相馆合影。就这样，孙少林和裘盛戎到大北合影留念。照相馆里一直悬挂着这两位艺术家的合影。

大北照相馆经过多年经营，业务范围逐步扩大，新中国成立前夕，大北照相馆在南门大街和经二纬九路分别建了两个分号，全店共有职工 30 余人，资金达 2 万余元。济南解放后，大北照相馆得到进一步发展，并于

皇宫照相馆今貌

1956年参加了公私合营。

　　与皇宫照相馆不同的是，大北照相馆如今已杳无踪迹。

# 张斌亭与铭新池

济南浴池业之冠，曾经的"华北第一池"

1951 年七八月间，著名作家巴金参加老根据地访问团来到济南，在这期间他曾四次到位于经三纬二路的铭新池洗浴。同一年，铭新池还接待了来访的苏联的 12 名专家、国家东方歌舞团和阿尔巴尼亚歌舞团的来客，获得了外国朋友的赞誉。铭新池的优质服务，给广大人民群众和国际友人留下了美好印象。之所以选择铭新池，是因为这里是济南最好的浴池，被誉为"华北第一池"。

济南最早的浴池叫顺德池，1892 年出现在智德院街，营业面积 100 余平方米。济南开埠以后，洗浴业开始繁荣，设备也逐渐改善。20 世纪 30 年代初，是济南洗浴业大发展时期。当时济南浴池业共有 27 处浴池，除铭新池，济南的知名浴池还有位于富康街的四海春浴池、万紫巷的涌泉池、大布政司街的浴德池、经三纬五路口的新生池、经三纬三路口的新新池等。据 1940 年

铭新池（摄于 1959 年）

刚建成时的铭新池

的相关资料记载，当时济南澡堂业共有 31 家浴池，多数注册资金不足 2000 元，用人只有一二十人。而铭新池注册资本金 3 万元，有员工 140 人，在资金和用人规模上，都是澡堂业的老大。位居第二位的新新池，注册资金是 2.5 万元，员工只有 58 人。

铭新池的创办人叫张斌亭，黄县人，早年曾在青岛打工谋生。其间，他先是在源泰布店当伙计，而后经其哥介绍，又到德国人开办的亨利王子饭店当了 10 年厨师。再后来，他跳槽干过合记蛋厂的代办，还接受过英美烟草公司青岛分公司的指派，到辛店收过烟叶。在积累了丰富的经验和丰厚的资本后，精明的张斌亭开始琢磨投资。1931 年，他看到青岛三新楼浴池等澡堂业生意很好，便萌发了创办浴池的念头。鉴于当时青岛的洗浴市场已经相对饱和，于是便邀集朋友到济南投资洗浴业。

当时，张斌亭等人一共募集了 30 余万元，股东有杨宝蔚、张斌亭、王学傅、丁绥章、刘敬芝、徐敬兰、张丽芳、王惠芬、宋敏华、丁淑贞、牟振宝、牟达三、胡桂兰、刘慧云、丁日昕、丁振璞、赵淑芳。其中，出资较多的杨宝蔚投入 15 万元、张斌亭投入 11.76 万元、王学傅投入 8.81 万元，其余股东各出资数千元不等。

筹建初期，张斌亭广泛取经，特意聘请了青岛工务局的工程师张索文做设计，为了追求最好，他们先在青岛参观了玉德楼、三新楼、中新池、润德楼等较大浴池，而后又到外地考察了沈阳的浴新池、大连的大连池、天津的华清池、北京的兴华池等。参观考察之后，张索文根据张斌亭的设想，博采众长，设计出了铭新池的建设方案。1932 年，铭新池正式破土动工，并于次年底竣工。当年在建筑施工中，由于不断修改设计，一再突破预算投资。因资金不足，曾被迫停工，经张斌亭多方奔走，最后找到他的同乡济南市平市官钱局主任张水泉，用房契作抵押借了2万元，当时借期为一年。铭新池的房主，实际上是张斌亭、王学傅、丁绥章、刘敬兰四人所有。张斌亭很精明，铭新池建好后，他们建房的资金7万元开业后未入股，而是每年计提房租，每月房租330袋面粉。

1933年12月，铭新池正式开业，铭新池的"铭新"二字取自商代"汤之盘铭"，《礼记·大学》记载："汤之盘铭曰：'苟日新，日日新，又日新。'"张斌亭出任铭新池经理，副经理为丁子明、程清云，经理直接领导账房和营业室。账房设出纳4人，会计2人。营业室下设上柜、下柜、茶柜，三柜有140余人。铭新池开业后，由于设备完善，水清池净，席位高雅，服务周到，很快成为济南洗浴业一颗耀眼的明星。铭新池开业的第一年，除去一切开支外，盈利3万元。

铭新池的占地面积为4.1亩，建筑面积是2734平方米，结构布局合理，且造型简洁，线条明快，整栋建筑好似"回"字形。外圈是两层楼，内圈是三层楼，另有162平方米的地下室。面南的主立面为法国古典风格，门

铭新池（摄于1958年）

窗线脚皆为西式，中间及两端突出，呈"凹"字形。主入口居中，设门斗，饰有简化了的欧式立柱。门厅高大宽敞，井式天花，双楼梯分别导入各功能区。室内地面、楼梯、护栏、门窗等，全部选用的是优质木材，且做工精细，给人以整洁、雅致、舒适的美感。铭新池共有240个房间。外圈一层为普通坐席和女子浴室，二层是客房雅座；内圈一、二层是浴池及附属设施，三层是员工的集体宿舍。在全部264个座席中，雅座有177个，占了三分之二。

铭新池不仅规模大，而且设施时尚、齐全。室内窗户朝阳面是单窗，背阴面是双窗，走廊是玻璃贯通，不仅光线明亮，而且冬暖夏凉。浴池虽然是水泥浇筑，但内外都覆以白瓷砖。东院有自备井和蓄水池，西院有烧水供暖的锅炉房。此外，为了满足室内摆放鲜花之需求，他们还设有花室，聘有专人负责培育。仙人掌、月季花、桂花、昙花、牡丹花、海棠花等，是时常都能够见到的花卉品种。

铭新池分为男部和女部。男部出入口设在经三路路北，女部出入口设在纬二路路东，男女有别，互不相扰。女部也被称为"女盆"，有6个房间、14个澡盆，这在当时为全省最大的女浴池。

铭新池一日三次池内换水，随时随地擦拭桌椅板凳；地板光洁，门窗锃亮，水清池净，绝无烟蒂纸屑；茶具不能有茶锈，烟具不能存烟头，铜壶、水桶、痰盂无丁点污迹；就连窗台、壁橱、床底、隔扇也没有尘土。

铭新池对员工要求非常严格，不准吸烟、不准闲谈、不准串岗、不准坐床位、不准到顾客卫生间去"方便"，更不准与顾客拌嘴，而且还必须衣冠整齐、举止端庄、礼貌用语。如有违反，轻则罚款、训斥、体罚，重则开除了之。

铭新池的服务周到、热情，楼上楼下设有专职迎送人员，见到顾客来临，热情相迎递浴巾，而后帮其挂好衣服，寄存好贵重物品。顾客进入浴室后，服务员接过浴巾送上毛巾，待到其浴后出池，主动上前帮助擦后背、披浴巾。顾客回到坐席后，沏茶倒水还得送上热毛巾。顾客示意穿衣时，先帮其取下衣服，后帮其取出寄存物品。等到顾客结账后，再礼送其出门、

20 世纪 80 年代，鸟瞰铭新池

再见。送走顾客后，要迅速叠好浴巾、整理床铺、擦拭桌面，冲洗烟缸茶具等，以迎接新的客人到来。

铭新池在广告中也着力渲染它的这些服务，并提出了十大特色："资本雄厚，建筑齐全；陈设欧化，盆池两便；卫生清洁，空气新鲜；交通便利，适中地点；招待周到，茶香水甜；三次换水，不热不寒；女子沐浴，分门别院；男女理发，美化容颜；乘凉望景，屋顶花园；院内停车，妥为保管。"其中，铭新池"女子沐浴"一节，开济南服务业之先河。

铭新池开业之后，对其他浴池造成了较大冲击。特别是几家与其距离相近的浴池，如华清池、东西楼、第一池等，不久便在竞争中失利，随后就关门歇业了。张斌亭很会趋炎附势，为了博得时任山东省政府主席韩复榘的欢心、支持，他特设豪华客房，内有三盆四床，平日不对外，专门招待韩复榘。在日伪时期，日军一个宣抚班占驻了女房间。张斌亭千方百计与日军拉上关系，并认了班长路岛的一个下人金泽为干儿子，日军宪兵队去洗澡一律不要钱。1944 年，铭新池的部分员工因为收入低、工作累而罢工，张斌亭通过手枪旅旅长吴化文，找到了城防司令部，出资 5 万元，让其派宪兵前来镇压了事。后来，张斌亭又结识了黄县老乡、第二绥靖区副司令牟中珩。张斌亭就是依靠他们的关系，维持着铭新池的正常运转。

1948年9月济南战役期间，张斌亭携眷外出躲避，店内一切事务暂由资方代理人曹福臣掌管。1949年9月，铭新池成立工会，当时店内有职工140余人，参加工会的有120人。新中国成立之后，铭新池开始转向，逐渐成为大众浴池。1952年，全国开展了轰轰烈烈的"三反""五反"运动。通过教育，张斌亭主动将家藏的300两黄金、两亿元（旧币）现金献给企业作为发展基金。同时，店里遵照党的"发展生产，繁荣经济，公私兼顾，劳资两利"政策，建立起正常的劳资关系。1956年1月，经市人民政府批准，铭新池实行了公私合营。经过清产核资，全部资产估价为34万元（新币）。合营后，在利润分配上改为按资本发放定息，资方张斌亭每季度可拿定息1470元。铭新池经过社会主义改造，加强了企业管理，在各个方面都发生了巨大变化，出现了新气象。

20世纪60年代末，铭新池改名称"东风池"，直到1978年才恢复原名。20世纪90年代，大纬二路拓宽，铭新池1996年被拆除，自此消失在济南人的生活中。

# 季海泉与游艺园

旧时济南的文化中心，从市民游乐园变为"新生活"基地

　　提到游艺园，一般很少有人知道。可若提到进德会，就有不少人知道。进德会就是在游艺园基础上建立起来的。经七路路南、小纬六路南段，也就是过去济南机床一厂一带，在老济南人口中它有另外一个地名——"进德会"。所谓"进德会"，是1933年国民政府山东省政府主席韩复榘下令成立的，提倡四维八德、戒嫖戒赌，"砥砺德行，促进文化，戒除一切恶习，养成健全人格"，进行正当娱乐。成员基本都是政府公务人员和军人，另有一小部分工商界、教育界人士，几乎涵盖当时山东所有的"社会精英"人群。当时还有一种东裕隆烟草公司出品的香烟，取名就叫"进德会"。

　　进德会之所以"落户"这一位置，是因为这里之前就是一处"游艺园"，非常适合进德会活动。在民国初年的济南，游艺园是非常有名的一处游玩场所，1925年开园时，还专门请到山东军务督办张宗昌莅临剪彩。济南游艺园占地58亩，由上海商人季海泉联络在济南经商的周村人王盛三、亳州人薄苪村等耗资25万大洋建成，由桓台县荆家镇营造场负责建设。季海泉常年在济南经商，受上海"大世界"的启发，早就有在济南开游艺场的打算，筹办了足有3年的时间，因为资金不敷使用，遂变买地为租地，建起了"济南游艺园"，并自任经理。

　　游艺园采取通票游园的方式，入园需洋3角，内有剧场、书场、露天电影场、溜冰场、中西餐馆等项目，经营方式效仿上海"大世界"。游艺园优待军人，凡穿着正式军服的游人，门票减半。在季海泉的疏通下，军警各机关也都经常性地派人维持园内秩序。游艺园内设有两处剧场，第一剧场上演老式戏曲，第二剧场上演文明新剧（即话剧），日夜连演，观看时需要另购门票。游艺园的戏剧演出是男女同台表演，这在当时的济南是非常少见的。游艺园内的大鼓书场，是不需要另缴纳费用的，但只能站着听，座位需要缴纳2~4角钱的茶资。游艺园还有一处露天电影场，也不额外收取费用，播放的是上映已久的电影旧片。园内的文人游艺社，以猜谜为主，猜中一定题目还有奖品。此外还有博彩性质的电机场、气枪射击场、掷圈场，以及不定时的魔术表演。每逢周末，游艺园的广场上还燃放烟花，举办灯火游园会。值得称赞的是，园内的中西餐馆、咖啡馆、小吃部中销售的饮食味道都非常好。游艺园开业以来，每逢夏日，人多结伴品茗，日均游客都在3000人以上。唯入冬后，天寒地冻，游人比较稀少。"五三惨案"后，社会秩序混乱，季海泉回沪避难，游艺园由当时的《济南晚报》社长郭伯洲等人暂理，经营已是日趋式微。

1932年春，韩复榘到南京述职，其间参观了南京的"励志社"。韩受此启发，回到山东后就着手筹办"山东进德会"，指定由省府秘书长张绍堂、建设厅厅长张鸿烈与教育厅厅长何思源负责组织筹备，拟定了《山东省进德会组织章程》，并提

进德会大门

交山东省政府委员会通过。1932 年 8 月 18 日，山东进德会正式成立，总
会设在济南，各县设分会。指定山东国民党党政军上层人物 21 人为委员
会委员，委员会下设干事部，部下设俱乐、庶务、会计、文书、纠察 5 股。
会员分为当然会员、普通会员和特别会员三种：文官荐任职以上、武官校
官以上的，均为当然会员；其他军政人员、工商业者、学校教职员，经过
当然会员 2 人以上介绍为普通会员；特别会员为特别邀请，只有法国人何
宜文、青岛市长沈鸿烈、胶济铁路管委会委员长葛光庭 3 人当选。在进德
会第一届会员中，济南的当然会员有 492 人，普通会员为 1422 人。

省进德会成立后，各县纷纷效法，先后成立了 108 处分会，另在兖州、
周村、烟台设立了 3 处驻军分会，分会遍布全省各地、各界。新生活运动
兴起后，韩复榘把进德会当作新生活运动的大本营，向公务人员和知识分
子灌输传统道德思想，同时开展多项政治、学术、娱乐活动。

山东进德会的会址最早设于皇亭，继而移于铁公祠，旋即又迁移到了
警官学校。1933 年春，逢游艺园以极低价格出售产业，山东省政府与游艺

进德会骨干成员合影（摄于 1934 年）

园代表薄苔村几经交涉，购买下来，改成了进德会的活动场所。进德会在游艺园原有基础上，增设了动物园、杂艺园、大会场及各种体育运动场所，大门口增设了军警。进德会大门最上端写着"天下为公"四个大字，下面写有"进德会"三字。进德会也是一票通游，进德会会员可凭证免买门票，平民需要花5分钱购票入园。大门内有旋转的铁铸计数器，可显示每天的游客人数。凭

进德会大会场

进德会的证章，在园内参加打球、溜冰、听书、看戏等收费项目时，票价享受一定优惠。而在会内中餐馆和美记大菜馆吃饭，则一律九折。诸如学术讲演、名人报告，则必须凭进德会的证章才能入场。每逢年节假日，官方还在进德会举办同乐演出、花灯会及丰富多彩的游园活动，与民同乐。因进德会由山东省政府直接管理，经费充足，举办活动时不惜成本，演出则邀请国内的名家名角，很快就成为了当时济南的文化中心。

进德会把游艺园作为活动场所后，韩复榘规定所有在济公务人员，每逢星期一均要到进德会参加"总理纪念周"活动。"总理纪念周"最早兴起于广州国民政府时期，1926年12月，国民党中央正式公布《总理纪念周条例》，这一活动被逐渐推广至全国。进德会举办总理纪念周活动时，礼堂正中悬挂有孙中山的大幅画像，画像左侧悬挂国民党党旗，右边悬挂青天白日满地红国旗，画像下横写着"革命尚未成功，同志仍须努力"两行大字，再下面写着《总理遗嘱》。活动开始后，全体人员肃立，向孙中山像三鞠躬，然后演唱山东进德会会歌《进德歌》："克己复礼明德显，

努力进修不容缓,汤盘铭记日日新,把旧污染一律尽洗干。克己复礼明德显,努力进修不容缓,大节无亏,细行必检,务使理得心安。大节无亏,细行必检,所望交相勉勖。"演唱完毕,由主持人宣读《总理遗嘱》,默哀三分钟后,再开始演说或政治报告等活动。

每次总理纪念周活动,韩复榘都必到,亲自训诫在济的公务人员。他在总理纪念周活动中经常说:"人在社会做事,务须足踏实地,万勿徒求虚名及伪名誉,而不注重实业。若图虚荣,即是妇人之行为,公务人员更宜切戒。"

讲演是进德会日常的一项重要政治活动,基本都在总理纪念周当天进行。韩复榘在这方面非常积极,经常邀请国内名流,如靳云鹏、沙月波、陈立夫、张之江、梁漱溟、刘书铭、江亢虎等人,到进德会讲演。靳云鹏,做过北洋政府的国务总理,是段祺瑞手下"四大金刚"之首,下野后热心佛学,韩复榘就请他来进德会讲佛学,因为枯燥无味,只讲了两次就草草结束了;沙月波是原西北军老人,后被韩复榘请来做省政府参议,专门讲经、

举办"总理纪念周"时,进德会门外停满了政府要员的汽车

史、诗、传；陈立夫，是国民党 CC 派头目，他在进德会讲过"唯生论"；张之江是中央国术馆馆长，他到进德会讲过"论新旧道德"；梁漱溟当时正在山东倡导乡村建设运动，他在进德会讲演的题目是"政教合一""乡村建设"；刘书铭，是齐鲁大学校长，他做过"意亚战争""法西斯蒂之命运""门罗主义"等演讲；北京师范大学教授江亢虎，在进德会大谈"孔孟之道""忠孝仁义""温良恭俭让"等封建道德。

韩复榘对进德会的政治活动，特别是"总理纪念周"要求极严，"其有执行不力或阳奉阴违或任意缺席者，一经查出，定当惩处，决不宽限"。在省城的公务员都被要求必须按时参加，每周一的朝会早 5 点开始，冬天 6 点或稍晚些。许多基层公务人员，居住远的一般 4 点就要起来赶路，迟到就要受罚。民政厅一位 60 多岁的黄秘书，一把大胡子，有一次在各机关集合队伍跑步时跑不动了，只好大步走。韩复榘看到后当众训斥："你特别，别人跑你不跑，胡子长，该有多重？能压得你跑不动？老也不行，干，就得听我的，要不就别干！"这个公务员被当场开革。时人张希由评论说："这真是对小职员的一种虐政。"

除了政治活动，进德会还经常开展体育活动。进德会院内有许多体育设施和活动场所，体育器械如双杠、单杠、木马、秋千、浪木、滑梯、铁饼等一应俱全，体育场所如篮球场、网球场、台球房、高尔夫球场、保龄球场、溜冰场、儿童游戏场、游泳池等，是当时济南最全、最先进的。那时，济南只有两处网球场，一处在普利门外的青年会，一处就在进德会。进德会的台球房、保龄球房内部装饰豪华，台球有象牙球和化学合成球两种，这两处球馆的门票都是每半小时 2 角，进德会会员半价。溜冰场的票价非会员 2 角，会员半价，季度票非会员 2 元，会员折半，最晚可营业到晚上 12 点，周日还有化装表演及不定时的比赛。进德会还有高尔夫球场，当然，与真正的高尔夫球场比起来非常局促，票价非会员 1 角，会员 5 分。进德会新建有华北最好的室内游泳池，游泳池长 50 米，宽 20 米，设有高

保龄球房内景

高尔夫球场

台球房内景

进德会露天电影场

进德会室内游泳池刚建成的景象

低跳板，水泥看台可容纳 500 名观众。因为它有一个玻璃房顶，所以济南老百姓称之为"水晶宫"，只对进德会会员开放。进德会每年都会利用这些体育设施和场所，进行会员间的体育比赛。

进德会内，还设有国剧研究社、鲁声话剧社、《进德月刊》社，以及各种业余研究班、进德小学、图书博物馆、金石书画古玩展览室、杂艺场等文化场所。

在进德会的院内，还有花圃、动物园、餐馆等供人游览休闲的场所。花圃在院内南部，种有奇花异草。章丘孟氏家族就曾移送给进德会 4 株大铁树，据称有 300 余年的历史。每年仲秋时节，进德会都会举行菊花展览，院内摆满了各色菊花，蔚为大观。动物园中，有东北虎、狮子、袋鼠、四不像、鳄鱼、猩猩、大蟒、外国鸡等，堪称济南最早的综合性动物园。动物园中还有一匹"千里驹"，是韩复榘亲自过问从天津购得的，据说每分钟可跑一华里。重点是这匹马听得懂人说的口令，会握手、鞠躬、叩头、左右转、各种步伐等简单动作，与其说是"千里驹"，倒不如说是驯马表演。进德会除了建有中餐馆、西餐部外，还专门建立了一处招待宾客的宴会厅，只有当然会员和特别会员才能进入。

著名京剧表演艺术家袁世海记述了在进德会的见闻："进德会与北京的城南游艺园相似。里面种有花草树木，还喂养了一些动物供游人观赏。天气虽寒冷，游人始终络绎不绝。我们每天都提前去剧场，顺便在里面游玩一番。比较吸引我们的是喂养老虎的地方，那里出售'非同寻常'的'长命锁'。看守老虎的人，手拿竹竿夹着这'长命锁'放在老虎嘴前，老虎听话地冲着锁吼叫一声，于是，锁就有了'特殊功能'，可与小儿镇惊压邪。价钱也不贵，一毛钱一个。看虎人不停地往老虎嘴前放锁，老虎一次又一次地吼叫，挺有意思。围观的人很多，买锁的人也很多，我和师兄弟们都买了一两个'长命锁'，准备携带回京馈送亲友的小孩，这也算是此地的土特产吧。"文章中提到的关老虎的地方是"虎楼"，5 米见方、高约 3 米，是青岛市市长沈鸿烈成为进德会特别会员后捐赠的礼品。

除了花圃和动物园，进德会里还有许多可供观赏的景观，院内南北两条大路中间，穿插着许多小路，路面用彩色石子铺成，拼有不同的花纹及文字。小路两旁植有大量的冬青、柏树，葱郁环绕成行。

1937年"七七事变"以后，日军侵入山东，韩复榘率部不战而逃。撤退前，下令将进德会总会主要建筑放火烧毁。日寇占领济南后，将进德会改名为"昭和园"。这期间，华北交通株式会社济南自动车营业所开辟了一条公交车路线，东起院前，经西门、普利门向西沿经二路至十二马路，全程长5.5公里，后增辟进德会站点，进德会终于通了公交车。而这时的进德会，早已人去楼空，丧失了文化中心的功能。太平洋战争爆发后，日本侵略者又将进德会改为"昭和园工厂""山东工厂"，成了军事禁地。日本投降后，这里先后改名为"山东政府机械厂"和"山东省机器工厂"。济南解放后，在此基础上建立了济南第一机床厂。

进德会大火后，还曾保留了一小部分建筑。如紧邻经七路的一处两层建筑，就曾是韩复榘兴办的"裕鲁当"分号，日伪时期改名为"裕民当"，

进德会"黄河赈灾亭"

抗战结束后又改为"惠鲁当"，新中国成立后一直作为济南机床一厂的办公楼，1998 年拆除。前些年还保留着一座石质建筑——"黄河赈灾亭"，门楣上有韩亲笔题写的"永澹沉灾"四字。20 世纪 90 年代中期，这座亭子也被拆除了。如今，进德会一带已经变成了居民区，看不到一点过去的影子了，进德会永远停留在了老济南人的记忆里。

# 金融业往事

清朝末年，济南金融业进入一个新的发展阶段，除民营银号、钱庄外，官办金融机构和近代银行开始出现。在开辟商埠的同时，清户部银行在济南设立了分行，外商银行也开始插足济南，设立了德华银行等外资银行。民国初期，随着商埠各类工商企业的兴建，金融活动日趋活跃。至20世纪20年代初，在商埠有业务往来的银行、银号、钱庄以及保险公司比比皆是。1935年国民政府实行币制改革，对银钱业的管理逐渐严格，银号、钱庄走向衰退，官办银行、商业银行的实力则日益增强。

# 周自齐与山东银行

*昙花一现的官办地方银行*

　　山东银行是山东最早的官办地方性银行，曾在商埠五里沟设兑换银钱处。地方银行，是地方政府设立或受地方政府管理的地区性银行，由地方政府全额出资或官商合办，一般都有代理地方金库、发行地方钞票等职能，同时经营商业银行业务。

　　辛亥革命后，山东地区的官方金融机构山东官银号倒闭停办。此时，恰逢周自齐出任山东都督兼民政长。

　　周自齐（1869—1923），字子廙（yì），单县单城镇人。周自齐出身官绅世家，其曾祖父周鸣銮,清嘉庆己巳恩科进士，后任广东分巡雷琼兵备道；其祖父周毓桂，清道光丙戌科进士，后任广东雷州知府；其父周镐秀曾任广东候补巡检。光绪二十年（1894），周自齐应京兆试，科顺天乡试副榜。历任驻美公使馆参赞、领事，外务部右丞、左丞、山东都督兼民政长、中国银行总裁、交通总长、陆军总长、财政总长、农商总长。1922年3月，署理国务总理。1922年6月2

周自齐（1869—1923）

日，摄行大总统职务。黎元洪复职大总统后，周退出政界，1923年病故于上海。

山东银行发行的银元票

　　周自齐任职山东期间，正值新旧交替的过渡时期，整个山东政局及社会情况呈现出复杂混乱的局面。他治理匪盗，弹压济南巡防营哗变，发展工商运输业和发行山东银行券，颁发剪除发辫办法，成立统一党山东支部，陪同孙中山视察山东，这些行动为清朝刚灭亡的山东带来了政治上的新局面。

　　周自齐在理财等方面，有着丰富的经验。1912 年 8 月，周自齐于济南院西大街（今泉城路）原山东官银号旧址另组山东银行。额定资本银 50 万两，由藩库实拨库平银 14.7 万余两。委任袁振生为银行总理，任朱桂山为协理。除经营各种存款放款，汇兑划拨公私款项，买卖期票、生金银及银钱币外，并经收山东库款，经理公债，发行兑换券。山东银行券分银两票、银元票和铜元票三种兑换券。

　　山东银行的存续时间只有一年。1913 年 4 月中国银行山东分行成立后，代理金库事务转归中行。同年 8 月 17 日，周自齐与代理中国银行总裁陈威、副总裁吴乃琛签署合同，将山东银行并入中国银行山东分行，所有山东银行总分行的债权债务、现金账目由中国银行派员检查清算，山东银行自清算之日起停止放款及发行兑换券。1913 年 10 月山东银行结束清算，市面流通的山东银行券折合成银元尚有 64 万余元，其中银两票合 37 万余元，银元票约 13 万元，铜元票约合 14 万元。同年 11 月，山东银行与中国银行订约，所有未发行券由山东行政公署会同中国银行监督销毁，流通中的兑换券由中国银行代为兑现。1913 年 11 月 29 日，中国银行山东分行将清理完毕的山东银行移交山东商务总会，另招商股改为商办，是为山东有商业银行之始。

像山东银行这样的地方银行，最初多是由清末地方官银钱号改组而来，但因业务陈旧，无法满足地方财政需要。北洋军阀统治时期，北洋政府财政拮据，无法满足地方政府的财政需求，地方银行又在各地纷纷出现。南京国民政府时期，财政和货币金融领域屡有重大改革措施出台，促使地方政府设立地方银行，更大程度上发掘地方财政金融能力，成为"四行二局"体系的有效补充。

除山东银行外，在济南商埠设立的地方官办银行还有山东省银行和山东省民生银行，它们的总行都开设在商埠经二路上。

山东省银行，总行旧址位于经二路。

山东省银行发行的纸币

山东省银行发行的铜元票

1924 年，山东地方政府经北洋政府批准，筹划兴办山东地方银行，发行地方银行券，逢直奉战争突起而搁浅。1925 年，张宗昌被北洋政府任命为山东省军务督办兼山东省省长，主政山东。为筹措军费，扩充军力，即沿袭地方银行旧案，指派第一军总参议蒋邦彦、山东银行公会会长马官和等人负责筹备山东省银行。1925 年 9 月 5 日，山东省银行在经二路企业银行旧址开业，额定资本 1000 万元，实收 250 万元，全部为官款。蒋邦彦出任山东省银行总经理，常运衡为副总经理，马官和为会办。总行设总管理处，内设秘书室、总务部、稽核部、仓库部、发行部。山东省银行代理省金库，经理公款，代办省公债募集偿还事宜，并发行纸币。该银行先后在青岛、济南、烟台、天津、北京、上海、南京、徐州、大连、汉口、保定等地设立分行，在潍县、石家庄设代理店，推行地方纸币和军用票。

早在山东省银行筹办期间，张宗昌就将青岛地方银行未发行的钞票加盖"山东省银行"戳记，代替山东省银行券先行使用。山东省银行开业后，正式发行山东省银行券，分作 1 元、5 元、10 元、50 元、100 元、2 角、5 角七种面值。张宗昌通令全省使用山东省银行券，商民纳税完粮一律使用，其他银行发行的钞票概不收受。山东省银行券依靠政令推行，加之发行过滥，自面世开始就一再贬值，屡屡发生挤兑。1927 年，奉军为抵抗国民革命军北上，军费激增，山东省银行滥发纸币达数千万元，贬值严重。1928 年 4 月，山东省银行随着军阀张宗昌的败退而停业，所发钞票彻底成为废纸。

此外，1945—1948 年，济南还存在过另一家名为"山东省银行"的

山东省民生银行发行的纸币

官办地方银行。抗日战争胜利后，国民党山东省政府接收伪鲁兴银行，就其原址组建山东省银行，资本总额 4000 万元，由财政部和山东省政府各拨 2000 万元。1945 年 12 月 1 日，山东省银行正式开业，时任山东省财政厅厅长的尹文敬兼任董事长，田叔任总经理。1948 年济南解放后，该行由济南市军管会金融部接管。

山东省民生银行，总行旧址位于今经二路 168 号。

山东省民生银行是民国时期山东较为重要的地方银行之一。20 世纪 20 年代后期，由于北洋军阀纵容滥发纸币，山东地区货币信用失控。1925 年至 1928 年，济南 15 家银行中即有 10 家发行纸币，军阀张宗昌败离济南后，挤兑风潮迭起，"能有力量开门营业者不过十之一二，其余均仍闭门歇业，其中就此无法复业者恐居大半"。韩复榘出任山东省政府主席后，为整顿混乱的金融市场，有效控制山东财政，对金融业进行了强而有力的管制和整顿。1930 年 10 月，韩复榘下令禁止制钱、铜元出境，并设立平市官钱局，同时筹备设立山东省民生银行。山东省民生银行旨在注重民生及辅助农工商业，筹备总资本额为 600 万元，分 6 万股，每股 100 元。

山东省民生银行代理的山东省库券

1931 年，山东省政府拟以民生银行的名义发行银元兑换券以做筹备之用，没有获得南京国民政府的批准。因此于 1932 年 6 月 14 日改由山东省财政厅发行山东省库券 300 万元，用作民生银行的筹办资本。山东省库券有 1 元、5 元、10 元三种面额，与银元一体流通，规定完粮纳税及买卖交易一律通用，期限 1 年，可随时兑现，视省库券如山东省民生银行钞票。

1932 年 7 月 1 日，山东省民生银行在济南经二纬三路正式开业，实收资本 320 万元，以财政厅发行的山东省库券 300 万元拨作官股，省金库同时拨现款 20 万元。山东省民生银行隶属于山东省政府财政厅，委任时任山东省财政厅厅长王向荣为总经理，时任山东省平市官钱局经理宋福祺为副经理。山东省民生银行以工商业及农业放款为主要业务，当时济南的 200 余家工厂几乎都与该行建立有业务往来关系。1933 年，世界经济危机波及山东，仅鲁丰纱厂、成记面粉厂和丰年面粉厂 3 家企业积欠的款项就达到 200 余万元。鉴于市面萧条，山东省民生银行一面紧缩业务，减少定期放款，一面开办了以小商贩为主要对象的信用小借款，开办后深受欢迎。除经营普通银行业务外，山东省民生银行还代理省库和代发省库券。

1936 年 2 月，山东省民生银行呈请南京国民政府批准发行"辅币券"，

山东省民生银行

分作 1 角券、2 角券、5 角券三种。7 月 15 日起正式发行，全省流通，可兑换法币，完粮纳税、买卖交易一律通用。1937 年"七七事变"爆发，山东省民生银行奉命将账款部分先行撤退至后方。当年 11 月，总行及省内各办事处（青岛未及撤退）先撤至兖州，后又撤至开封、汉口、重庆。1937 年 12 月，日军占领济南后，立即接管了山东省民生银行总办事处等未及撤退的机构，1941 年 12 月 1 日被伪山东省兴农委员会接收。抗战胜利后，因作为地方银行的山东省银行已先期成立，山东省民生银行未实现复业。

# 张肇铨与山东商业银行

章丘最后一位进士创办的山东首家民营银行

山东银行是山东第一家商业银行，成立于1914年，并于1925年改名为"山东商业银行"。当年，山东银行济南分行就设在商埠经二路。

山东银行在济南、青岛及全省各县均设有分支机构，与后来成立的东莱银行一同成为济南资金投放量最大、与各工商企业资金往来最为广泛密切的两大银行。山东银行的成功与它的创办人张肇铨有很大关系，山东银行的命运也与他的个人命运捆绑到了一起。

张肇铨（1875—1928），字子衡，章丘县相公庄镇寨子村人。他20岁中秀才，1902年中举人，两年后三甲第82名进士及第，是章丘的最后一位进士，放任云南麻哈州知州，一年后调任贵州遵义知县。后升遵义府知府，不料武昌起义的炮声打破了他的仕途美梦，于是携眷逃回家乡，摇身一变下海经商。官场失意的他，却在商场顺风顺水。

张肇铨虽说少时熟读四书五经，但不是书呆子。也许是受到章丘

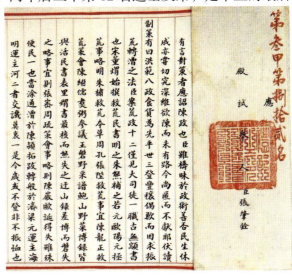

张肇铨殿试试卷

山东银行（山东商业银行）发行的纸币

乡亲善于经商的熏陶，他头脑中从来不乏经商细胞，因而在贵州做官时就曾从章丘打制农具长途贩运到任职州县，还向农民传授耕作技艺，倡导农桑，既赚了大把银子，促进了当地经济，同时也为他后来下海经商做了初步尝试。

1908 年清政府建立大清银行，民国建立后改组为中国银行，是第一家央行。1912 年，中行在济南设立分行，改为官办山东银行并代理省库职能。

1913 年，中行准备撤销此分行。张肇铨果断出手，以山东没有地方银行为由，呈请山东行政公署把山东银行交给商会招股承办。1913 年 11 月 29 日，中国银行山东分行将清理后的山东银行移交给当时的山东商务总会（济南总商会），另招商股，改为商办。最终，山东银行成为济南的第一家民办商业银行。这家银行总资本 500 万元，实收资金 141 万元，由张肇铨任总经理，在济南、青岛及全省各县均设有分支机构，和后来成立的东莱银行成为济南资金投放量最大、与各工商企业资金往来最为广泛密切的两大银行，左右济南银行业的放贷利率。

1914 年，山东银行正式营业，总行设在院西大街，在商埠经二路设分行。山东银行初定资本 100 万元，由发起人认足优先股 30 万元先行开业，普通股 70 万元开业后向社会募集。由张肇铨任总理，牛嗣照任协理，曹善卿任经理，营业范围为发行银票、钱票，

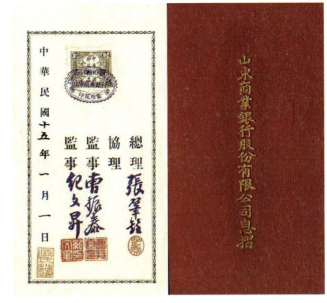

山东商业银行股息折

办理存放汇兑贴现，买卖金银及各种货币，保管贵重物品，并以担负垫款义务换取了代收部分赋税的权利。

1916 年 5 月，中国银行和交通银行因滥发票币，现金准备空虚，酿成停兑风潮。中、交两行停兑之际，山东银行继续兑换，自此信誉大增，工商各界纷纷转存该行。至 1918 年，实收资本已达 100 万元，陆续在上海、天津、青岛、烟台、济宁、滕县、泰安、周村、章丘、临沂开设分行，在北京、南京、蚌埠、镇江、无锡、苏州、徐州、青州等地设立代理店。

当时，济南城内有个福德会馆，是金融业的行业组织，每天各家银号都要来这里商定存贷利率。谁掌控会馆谁就有了确定利率的话语权，精明过人的张肇铨极力争夺会馆的掌控权。最终福德会馆分裂，张肇铨另起炉灶，与之分庭抗礼。1921 年济南钱业公会成立，张肇铨被选为会长，成为金融界的领军人物。

1921 年 5 月，时任山东省财政厅长的张肇铨为弥补财政空虚，筹集拖欠的教育、河工经费，向银行借贷 30 万元。山东督军兼省长田中玉强行拨走 22 万元用于军装费和子弹费，余款仅够一年教育经费，河工费竟

无着落。张肇铨无可奈何，被迫辞职。

1922 年，军阀靳云鹏、张怀芝等发起成立中日合办鲁大矿业股份有限公司，经营淄川、坊子煤矿和金岭镇铁矿。山东银行承担了矿权，股份占一半，从此张肇铨一直担任鲁大公司的专务董事。此外还经营济南金库兑换所、电灯公司、镇兴东煤店、恒利煤店等多个店铺。

1925 年春，张宗昌任山东军务督办，张肇铨积极为之效力。因张宗昌筹设山东省银行，遂将山东银行改名为山东商业银行。1926 年 2 月，张宗昌委派张肇铨为军票局和善后公债局总办，发行股票、公债、军用票。张宗昌发行的军用票及债券数额巨大，因此迅速贬值，不断发生挤兑现象。

1927 年 6 月，张宗昌成立"金融维持会"，任命张肇铨为会长，向济南各商号强行摊派军用票和借款。张肇铨在为张宗昌效命的同时，也深受其害，山东商业银行屡遭督署勒借并强令代兑省银行钞票，因大量接收军用票和公债券而损失严重。1928 年 2 月，山东商业银行在挤兑风潮中无

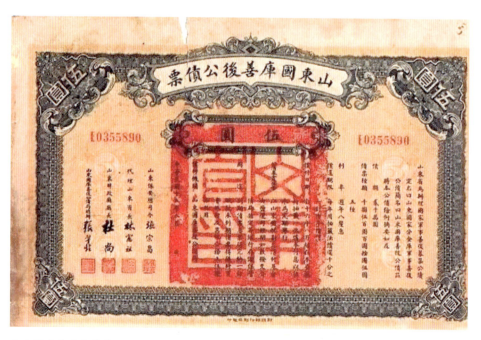

山东国库善后公债票

力维持而停止营业，外地机构亦相继收歇。

张肇铨一生投资经营的商号很多，除山东银行之外，还有济南金库兑换所、电灯公司、镇兴东煤店、恒利煤店、玉莱煤店、广茂炭店、章丘金丰当铺、盐总店、鸿祥杂货铺等。其中，最为出名的还是丰年面粉厂。

济南开埠后不久，经济迅猛发展，各地对面粉的需求日益增加。1914年，张肇铨与海阳人王少农、穆伯仁等人集资10万元，在济南东流水购地13.6亩筹建机制面粉厂。王少农与张肇铨曾同在贵州当官，关系一直不错。王

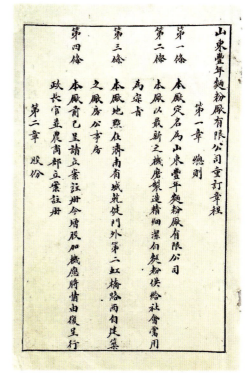

丰年面粉厂章程

的四弟王星斋在美商恒丰洋行任职，正好这家洋行经营美国"脑达克"公司制造的制粉机械设备。在王星斋的提议下，他们引进美国复式磨粉机5部、单式磨粉机1部、英国180马力蒸汽机1台。1915年，张肇铨兴办的山东面粉厂建成投产，日产面粉200包。因政府不让民营企业用"山东"作为企业字号，又改名为"山东丰年面粉厂"，翌年注册为丰年面粉公司。时值第一次世界大战，进口面粉锐减，国内面粉供不应求，投产当年获取利润丰厚，张肇铨发了一笔战争财。不久，股东大会决定增资，由原来的10万元增为75.19万元，并在厂址以北另购地4.5亩，重建厂房，购备550马力大型内燃机以及新型钢磨24部，日产达7000包。

张肇铨在经营金融业和工商业获取巨额利润之后，又转而兼并土地，进行封建剥削。1923年，他在家乡设立"自修堂"，向本村和附近村庄大量购买土地。数年间，累计兼并土地1500余亩。这些土地，绝大部分租

给佃户使用，少量由自家雇工耕种。在大量兼并土地的同时，他还积极扩充房产。数年间，建成房屋 300 余间，占全村宅基面积的三分之一。

张肇铨财力雄厚，亦官亦商，成为民国初期山东地方民族资本势力的代表人物之一。在五四运动中，他一方面对外国侵略势力和卖国军阀表示抗争，一方面在爱国的学生和商人奋起同当局开展斗争时又表现出动摇妥协。1919 年 4 月 20 日，山东各界在济南召开国民请愿大会，张肇铨作为济南总商会会长，与各界代表一起请求省长致电中央"惩办祸首，废除密约，以保国权、平民气"。5 月 4 日，北京学生游行示威、发表宣言后，张肇铨主持的济南总商会也发表通电，表示"抵制日货，为政府后盾"。但是，当 6 月 9 日济南爱国商人秘密集会，推选代表与他见面要求罢市时，张肇铨不但没有答应，反而加以劝阻，并密告政府当局。各爱国商人未听其劝阻，于次日罢市，张肇铨因不赞成学生和商人的举动而被爱国群众驱逐。

1928 年 4 月，北伐军占领济南，张宗昌在山东的统治垮台，张肇铨逃往大连。当年 6 月病逝，时年 53 岁。山东商业银行总行后于 1931 年 7 月 15 日复业清理股权债权，只办理收欠还存，延至 1934 年停办。

# 刘子山与东莱银行

青岛首富"刘半城"在济南设立的企业"加油站"

1918 年 2 月 1 日，东莱银行正式开业，注册资金 20 万银元，这是青岛最早出现的民族资本商业银行。总行设在青岛天津路，前山东银行副行长成兰圃被聘为总经理，主持银行一切业务和管理，吕月塘为经理。同年 3 月在济南设分行，地址在经二纬六路，于耀西任经理。东莱银行主要办理汇兑存放业务，并自设货栈，招揽抵押贷款业务。该行除办理商业银行业务外，还从事兑换外国货币及有价证券买卖，开业不过一年，全行存款即达 300 万元，放出款项与存款大抵相同，年获纯利 13.2 万元。

不同于其他商业银行需要发售兑换券筹措资本，由于出资人财力充实，东莱银行开业初期一直未发行纸币，所以在历次挤兑风潮中处之泰然。东莱银行的出资人只有一位，他就是"青岛首富"刘子山。

刘子山（1877—1948），名碧云，字紫珊，又作子山，掖县（今山东莱州）湾头村人。刘子山幼年读过私塾，14 岁独自到青岛谋生。1910 年，在青岛独资开设福和永木材行。次年，又开办福和永窑场，专制洋式红色砖瓦。刘子山还曾受聘担任德商礼和洋行的华人经理，经办颜料、花生的进出口贸易，获利丰厚。

刘子山（1877—1948）

东莱银行总行最初的营业楼

1915 年，日本借口对德国宣战，出兵占领青岛，刘子山利用会说日语的条件，承包烟土专卖店，大发横财。刘子山后又在青岛独资开办东莱贸易行，经营进口业务；开办永利汽车行，经销美国产"Buick"牌汽车。他投资 50 万两银子，修筑从潍县至烟台的 450 里公路。1922 年该路建成后，他又取得吴佩孚的支持，创办烟潍汽车运输公司，经营客货运输。另外，他还在青岛华新纱厂、青岛电业公司、博山煤矿等企业投资，担任董事等职。

东莱银行的开办，使刘子山的经营有了更为充裕的资金，贸易与金融业务进行得风生水起。1920 年 2 月，东莱银行在济南添设城内办事处。1923 年，东莱银行改组为股份有限公司，增资至 300 万元，第一大股东仍为刘子山。1924 年 11 月成兰圃因病辞职，刘子山代总经理。1926 年 5 月，东莱银行济南分行经理于耀西再次当选济南商埠商会会长。1927 年 10 月，

东莱银行济南支行营业楼旧址

于耀西因抵制张宗昌向济南银行、商会强行借款而被通缉,暂避青岛,东莱银行免除了于耀西济南分行经理职务,由总经理刘子山代济南分行经理。

1929年3月,因山东政局复杂,东莱银行济南分行暂停对外营业,对内则改为办事处。1934年5月,济南办事处改为支行,陶峻南、曹丹庭曾先后任经理。

抗日战争爆发前,刘子山曾被推举为青岛市商会会董、山东旅沪同乡会名誉会长。曾个人捐款创办青岛中学、济南孤儿院等。1937年后,刘子山避居天津法租界,拒不与日伪合作,并派儿子刘少山赴上海,召集东莱银行同人,传达他的指示:"国难时期,宜闭关自守,紧缩业务。本人自愿不再提取股息,以维同人生计。"此后,刘子山体衰多病,将东莱银行业务交儿子管理。1948年春天,他从天津到上海就医。同年10月12日,因心脏病发作在上海去世。

1942 年 6 月 8 日，东莱银行济南支行迁入位于经三纬三路拐角处的新建营业楼。抗战胜利后，济南支行继续营业，至济南解放后停业。

除东莱银行外，类似的山东本土商业银行还有很多。在济南开埠最初的 20 年间，山东地区陆续出现了周村商业银行、齐鲁银行、山东商业银行、山东丰大商业储蓄银行等银行，它们或在济南成立，或在商埠设立分支机构。

周村商业银行济南分行原位于经二路。

1913 年，马建堂在周村发起建立周村商业银行，柴继堂任银行总理，孟希文任协理，李敬斋任经理，孟秀林为副经理。1916 年山东护国运动中，周村成为护国军政府和护国军司令部所在地，为避战乱，周村商业银行筹划外迁。胶济、津浦铁路通车后，济南商业日趋繁盛，周村许多行号都迁往济南，当时在济南的周村商人非常多。马建堂正是看到这点，将周村商业银行全部迁来济南，将总行设在城内院西大街，并在商埠经二路开设分行。

周村商业银行信用薄弱，在济南仅依靠买卖各种证券、发行纸币、为周村商人代买现银维持营业。周村商业银行在开办之初实收股金 15 万元，

周村商业银行发行的纸币

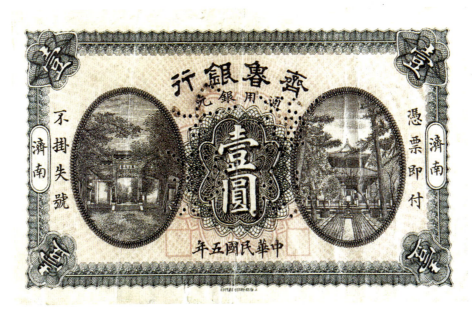

齐鲁银行发行的纸币

战乱中损失 7 万余元，在济南置购产业用去了 3.4 万元，仅余股金 3 万余元。1920 年 6 月，周村恒和泰洋货庄倒闭，周村商业银行应收款项无法收回，现洋周转不开引发挤兑，最终因此停业。

齐鲁银行济南分行原位于纬五路。

1916 年 10 月，经董丹如、李瑞庵、马惠阶等人倡议筹设，正式成立齐鲁银行。由原中国银行山东分行协理朱桂山任总理，李鼎臣任协理，程笃庵任经理，宋萱阶任副经理。总行设在济南城内西门大街（今泉城路），同时在济南商埠纬五路及天津、上海、锦州开设分行。齐鲁银行经营一般银行业务，1917—1918 年曾发行兑换券，在济南流通，总额 4 万元。

齐鲁银行其营业规模最初可与山东商业银行齐驱，后因经营不善，自1922 年起逐渐缩小营业范围，1924 年正式歇业。

企业银行总行原位于经二纬四路。

1918 年 2 月 28 日，企业银行正式开业，行址在商埠经二纬四路，由前任济南商埠局长宫文卿发起创立，资本 100 万元。宫文卿为董事长兼银行总理，郭珠泉为协理，罗蔚齐为经理，副经理李子厚。企业银行办理一般银行业务，并发行过银元兑换券。

企业银行发行的纸币

因宫文卿不善经营，企业银行于1924年清理结算。后将行址卖给了1925年成立的山东省银行。

山东工商银行总行济南办事处原位于纬三路。

1918年5月8日，旨在"扶助实业进步"的山东工商银行开业，总行设在济南院西大街，并在商埠纬三路设总行办事处，天津设分行，上海设支行。萧应椿出任银行总董，马官和任银行总理，颜锡纯任总行经理，刘鼎泉任副经理。内设营业、出纳、计算、文书四课，专办汇兑、抵押放款，

山东工商银行发行的纸币

收受各种存款，兼办信托业务，附设储蓄业务。

山东工商银行是由在济官僚萧应椿、王鹿泉、安善圃等人合资筹办的。萧应椿（1856—1922），字绍庭，云南昆明人，光绪十九年（1893）举人。1908年3月，萧应椿任山东劝业道，曾一度兼任山东大学堂总监。民国后，萧绍庭弃官从商，并于1918年联络同为官僚的王鹿泉、安善圃发起筹办银行。王鹿泉是山东督军田中玉的妻兄，曾任长芦盐运使，是天津恒源纺织公司的股东之一。安善圃是山东民国早期出名政客安鹏东的堂弟，曾经两次出任山东省政府财政厅长。同为股东的还有日照人马官和，他早年留学日本，回国后始办企业。民国初年，马官和出任省参议会议员，并在日照同乡安鹏东的支持下，开办了济南电话公司，任董事兼总经理。山东工商银行成立后，马官和出任银行总理，主持银行日常业务，后出任山东银行公会会长。

山东工商银行曾在济南发行1元、5元、10元三种银元券，总额近60万元。1921年，中国银行、交通银行第二次遭受挤兑风潮，山东工商银行恐受连累，将所发票券悉数收回，改向中国银行领券。1925年9月6日，因旧账积压，周转不灵，山东工商银行宣告停业清理。同年，马官和参与创建了官办山东省银行。

山东丰大商业储蓄银行总行旧址位于今纬六路27号。

1919年11月，由鲁丰纺织股份有限公司经理潘馥等人发起创立山东丰大商业储蓄银行，额定资本100万元，实收50万元。总行设在济南经二纬三路口（后迁至纬六路新址），上海、苏州、常熟等地有分行。总董潘馥，总理刘子玉，协理袁寅，总行经理刘玉书，后由王星甫继任。山东丰大商业储蓄银行经营普通商业银行业务，兼办有奖储蓄，曾发行过银元券，

山东丰大商业储蓄银行创办人潘馥

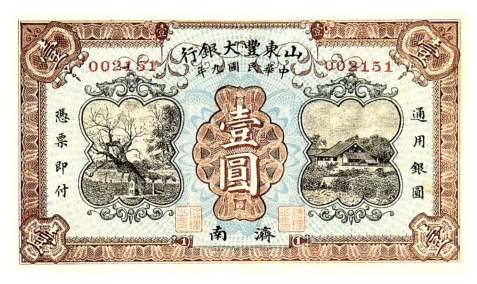

山东丰大银行发行的纸币

仅在济南流通。

山东丰大商业储蓄银行的发起人潘馥来头非常大，曾做过北洋军阀政府最后一任国务总理。他幼年熟读经书，并考取了清末的举人。1913年1月25日，因山东都督周自齐的关系，潘馥被委任为山东实业司司长。1914年6月15日至7月5日，潘馥在济南主持举办山东省第一次物品展览会。当年11月，潘馥改任山东南运湖河疏浚事宜筹办处总办，兼办山东水利。1915年，周自齐任财政部总长，以潘馥为参事。其间，他又与同乡靳云鹏筹资开办济南鲁丰纱厂。1916年，潘馥调任全国水利局副总裁。此后，潘馥与人合股投资成立了济宁济丰面粉厂，创办济宁电灯公司。1919年9月24日，靳云鹏受总统徐世昌之命组织内阁，举荐潘馥为财政部次长。翌年8月9日，靳再次组阁，潘馥代理部务兼任盐务署督办。潘馥在财政部的时候，利用职权和各种机会，大发其财。他组建的丰大商业储蓄银行，成了他个人在山东的敛财工具。1925年，张作霖任命张宗昌为山东督军，潘馥为督署总参议。这一年，山东丰大商业储蓄银行却因周转不灵而歇业。

山左银行济南分行原位于经二纬三路。

1922 年 9 月 22 日，山左银行在青岛胶州路正式开业，总经理傅炳昭，协理刘鸣卿，延聘纪经函为经理。山左银行是由傅炳昭、刘鸣卿等青岛绅商发起创立的。傅炳昭（1865—1946），山东黄县人，青年时赴青岛经商。1902 年任中华商务公局董事，1910 年当选青岛

山左银行股票

总商会会长。1922 年，傅炳昭的黄县同乡刘鸣卿、刘书衡兄弟携款至青岛，傅炳昭认为当时工商业竞争激烈，融资机构却比较缺乏，所以开银行搞金融必获巨利。于是在傅炳昭的谋划下，黄县商人合资成立山左银行，借助傅炳昭的影响力和根深蒂固的同乡情结，吸收了大量青岛黄县帮商号的存款，业务扩展迅速。

1923 年，山左银行在济南经二纬三路开设济南分行。张宗昌督鲁以后，滥发军用票及债券，金融环境恶劣。1926 年，山左银行济南分行撤销。

民国初期，济南逐渐从一座封闭的内陆城市转变为了开放的商业城市，工商业日益繁荣，形成了巨大的金融市场。除了外国银行和官办银行，还涌现了大量的商业银行，以存、放款为主要业务，兼办储蓄、保险、信托，服务于民族工商业。它们为济南商埠的建设，扶植民族工商业发展，做出了一定贡献。

# 济南商埠的华资商业银行

*促进商埠的金融业务发展，积极投资工商企业*

　　20世纪初期，是中国民族工商业发展的黄金时期。随着济南工商产业的日益繁盛，社会对金融服务的需求也越来越强烈，除了周村商业银行、齐鲁银行、山东商业银行、山东丰大商业储蓄银行等山东省内的民办商业银行外，省外各大商业银行也纷纷进驻济南。无一例外，这些银行都将济南的分支机构设在了商埠地区。

　　20世纪二三十年代，中国商业银行形成了一些民族资本的金融集团，私营银行以"北四行"和"南三行"最为著名，官商合办银行则以"小四行"为代表。"北四行"是北方的金融集团，即金城银行、盐业银行、中南银行、大陆银行的合称。1921年，盐业、金城、中南三家银行成立联合营业事务所，次年大陆银行加入，即为四行联营事务所，"北四行"由此而得名。"南三行"是南方的金融集团，即浙江兴业、浙江实业、上海商业储蓄三家银行的合称。三家银行都由江浙籍银行家投资创办和主持管理，并都以上海为基地，在经营上互相声援，互相支持，互兼董监，虽没有联营或集团的组织形式，但实际上收到联合经营指臂相助的成效。"小四行"是对中国通商银行、四明商业储蓄银行、中国实业银行和中国国货银行的合称，它们原系商业资本创办，后成为官商合办银行，业务上受官僚资本银行"大四行"所控制。

　　当时实力比较雄厚的银行，如盐业银行、金城银行、大陆银行、上海商业储蓄银行、浙江兴业银行、中国实业银行等"北四行""南三行""小四行"体系内的银行，在济南商埠都曾设有分行，并长期经营。

中国实业银行发行的纸币

中国实业银行是"小四行"之一，济南支行原位于纬六路。

中国实业银行，1915 年由北洋政府财政部筹办，1919 年 4 月正式成立，主要发起人为前中国银行总裁李士伟、前财政总长周学熙、前国务总理熊希龄等人。资本总额定为 2000 万元，商股公股各半，其公股 1000 万元由中国银行担任，商股 1000 万元向社会招募，但开业时实收资本仅为 200 余万元，主要由中国银行拨付。总行最初设在天津，1932 年 4 月迁至上海，改为总管理处。中国实业银行自成立时就获准发行钞票，头一年仅发行 4 万余元，后来逐年增加，后来越发越多，到 1935 年国民政府实施法币改革以前，发行额竟达 4400 余万元。由于发行过滥，准备空虚，1935 年上半年发生挤兑，国民政府财政部乘机对其进行改组。1937 年 3 月，进一步饬令该行改组，将原有资本 350 万元按 15% 折成商股 526110 元，另由国民政府以复兴公债抵充，加入官股 3473890 元，合成资本总额 400 万元，派傅汝霖为董事长，周守良为总经理，正式宣布为官商合办银行。

中国实业银行于 1919 年 9 月在济南开设分行，行址在商埠纬六路。

1921 年 11 月，又在府东大街（今泉城路）设城内办事处。1934 年 1 月 1 日，济南分行改为支行，归青岛分行管辖。该行名为"实业银行"，实际仍从事一般商业银行及储蓄、信托、仓库等业务，并注重推行兑换券，兼收地方库款。1920 年，济南分行发行印有"济南"地名的中国实业银行券，面额有 1 元、5 元、10 元三种，当年发行 30 万元。1923 年换发新钞，面额增加 50 元、100 元两种。1927 年，又换发 1 元、5 元、10 元新钞。据 1933 年统计，中国实业银行券在济南共发行了 80 万元。中国实业银行券的信誉不如中国银行和交通银行钞票，在济南发生过多次挤兑风潮：1931 年 10 月 1 日济南挤兑，3 天内兑出 53 万余元，并波及潍县；1934 年 1 月 31 日，济南又发生挤兑，次日波及潍县。1935 年 11 月实行法币改革后，中国实业银行券才停止发行。

济南沦陷后，中国实业银行济南支行房屋被朝鲜银行占据，于 1937 年 11 月停业。抗日战争胜利后，济南分行虽呈准复业，但因原行址已为中央银行先行迁入，未能在济南复业。

上海商业储蓄银行是"南三行"之一，济南分行原位于经二纬三路。

上海商业储蓄银行简称"上海银行"，成立于 1915 年，总行设在上海。上海银行募资初期，投资者寥寥无几，这在上海众多的银行中显得微不足道，一开业就被人称为"小小银行"。但由于总经理陈光甫经营精明，管理有方，业务发展迅速。到 1926 年时，资本增为 250 万元，资产总额超过 4700 万元。1927 年后，由于与

上海商业储蓄银行旅行支票

国民党政府关系密切，业务上得到官僚资本银行的支持，业务进一步扩展，最高时分支机构达 111 个，存款总额近 2 亿元，列私营银行首位。

1919 年 11 月，上海商业储蓄银行在济南纬四路仁美里开设分理处，只代总、分行办理收解，稍做押汇业务。1920 年夏迁至经二小纬六路，1927 年因张宗昌当局勒借款项而停业。1929 年冬复业，办事处迁至经二纬三路。1930 年，上海商业储蓄银行总行拨给资本 3 万元，在济南分理处的基础上成立济南支行，翌年又改称济南分行，简称"鲁行"。1932 年 9 月，在院东大街开设院前办事处。1934 年 6 月 1 日，济南分行又成为管辖行，管辖山东境内的青岛、济宁、潍县等行处。济南分行内设商业部、储蓄部、仓库部三个部门，强调国际化和地方化，偏重小额储蓄、抵押放款、货物押汇，并参与农业合作放款，在济南自建和租用仓库共 20 余处。

1937 年 12 月，济南分行行址被日军占用。1938 年 10 月 1 日，租借交通银行空余房屋办公，管辖行的名义被取消，改归青岛分行管辖。济南解放前后，上海商业储蓄银行济南分行停业。1950 年，济南分行复业。其后对私营行庄进行社会主义改造，济南分行于 1951 年 9 月撤销，其业务并入省人民银行营业部。

大陆银行是"北四行"之一，济南支行旧址位于今经三路 26 号附近。

大陆银行于 1919 年 4 月开业，由谈丹崖、许汉卿、万弼臣、曹心谷等人发起成立，总行设于天津。该行最初资本为 200 万元，实收 100 万元，1920 年 7 月续收股本 100 万元，1922 年增加股本为 500 万元。大陆银行设总经理处、总行、分行、支行及办

大陆银行存款、汇款章程

大陆银行存款广告

事处，其中总处是在董事会领导下的最高行政机构，总行则是在总处领导下具体经营业务的工作部门，分、支行及办事处均为总处领导下的对外营业单位。1922年7月11日大陆银行加入"四行联合营业事务所"，成为"北四行"重要成员。大陆银行与金城、中南、交通、国华等五家银行还于1931年创立了太平保险公司，资本为500万元。大陆银行曾在北京、上海、汉口、南京、青岛、济南、杭州、南昌、苏州、郑州、长沙、哈尔滨、石家庄、太原、重庆等地设行。

1920年8月1日，大陆银行在济南经二纬六路口租赁房屋设立济南支行，齐文炳任经理。1923年8月，改济南支行为山东分行，简称"鲁行"，任命萧鸿富为经理。1927年5月，初因张宗昌勒借摊派负担过重而停业。1931年4月，又在经三路萃卖场对面构建新的营业大楼，济南支行复业，聘请原济南交通银行副经理曹锐岑任经理。1935年6月，济南支行又在原院西大街133号添设城内办事处，对外称"城内支行"。大陆银行除办理一般商业银行业务外，还设储蓄部办理储蓄，设货栈部办理存货。该行存款来源以个人存款占多数，工商业及对外贸易次之；放款对象以各种工业放款占多数，商业及对外贸易次之。放款及存款业务对象，工业中与化学染料、水泥等工厂联系较密切，商业中与五金电料及进出口贸易等商家联系较为密切。

1937年底，大陆银行济南支行房屋被军方强占。1938年10月，使用原经三路26号中国银行的部分房屋恢复营业，一直维持到1948年停业。

边业银行发行的纸币

边业银行济南分行原位于经二纬五路。

1919年，中华民国北京政府西北筹边使徐树铮以"开发边疆，巩固国防"为名，呈准当时的北京政府立案设立了边业银行，总行设在库仑（今蒙古乌兰巴托），成立后即享有发行纸币、代理国库的特权。边业银行创建时资本总额1000万元，实收资本255.9万元，公积金52736.95万元，特别公积金80173.38元，官股97万元，商股158.9万元。1920年潘馥、章瑞廷等加入新股，重新改组，总行迁往北京。

1921年春，边业银行在济南经二纬五路设分行，资本20万元，刘筱泉任经理。除经营普通银行业务外，还代理国库。1925年初，边业银行另行集股，修改章程，股本总额定为2000万元，收足525万元，其中张学良与张氏家族出资500万元，旧军阀阚潮洗出资10万元，吴俊升出资10万元，北京财政部出资5万元。当年4月10日，改组后边业银行再次开业，以张学良为总董，原奉天东三省官银号总办彭贤、会办姜德春分别任总裁和总理，总行设在天津。边业银行济南分行于1925年1月3日停业，并于同年 4 月 28 日重组开业，随即发行了 1 元、5 元、10 元三种带有"山东"字样的银元票，总额 20 万元，主要流通于济南。

1926 年，边业银行济南分行因时局动荡而歇业。

盐业银行是"北四行"之一，济南支行原位于经二小纬六路。

盐业银行资本雄厚，在北洋政府时期，与浙江兴业银行交替为私营银行之首。盐业银行由袁世凯表弟、张伯驹之父、前长芦盐运使的张镇芳创办，1915 年 3 月正式成立，总行设在北京，主要业务为盐业上的汇兑抵押存放支付，分理金库，专理盐税。盐业银行成立时原由盐务署拨给官款，实行官商合办，经收全部盐税收入。第二年袁世凯病死后，盐务署不拨官款，改为商办。盐业银行额定资本为 500 万元，分 5 万股，每股 100 元，成立时实收资本 125 万元，至 1922 年全数收足，1925 年增至 650 万元，1933 年增至 750 万元。

盐业银行设总管理处（总行）统辖全行，总管理处下设分支行及办事处。总管理处设总经理和协理各 1 人，总经理由股东总会就 400 股以上、协理就 300 股以上之股东选出。该行第一任董事长兼总经理为张镇芳，1932 年张镇芳去职后，吴鼎昌兼任董事长职务，1937 年后又由任振采兼代总经理和董事长职务，直到抗战胜利。

1923 年 6 月，盐业银行在济南经二小纬六路开设支行，任命邵建亭为经理，内设保管课、出纳课、营业课、会计课、文书课。由于时局不稳，1925 年下半年曾一度撤回天津。1927 年停业裁撤，未再复业。

明华商业储蓄银行济南分行原位于小纬六路福宁里。

明华商业储蓄银行简称"明华银行"，1920 年 6 月开办，总行原设于北京，后迁至上海，在天津、济南、青岛等地设有分行。该行额定资本 500 万元，实收 275 万元，董事长为童金辉，张絅伯任总经理。

1923 年，明华商业储蓄银行在济南小纬六路福宁里设立济南分行。明华商业储蓄银行以办理活期储蓄和定期储蓄为主要业务，秉承"一元起存"原则，零存整取，吸引大批储户。活期储蓄 1 元起存，至 2000 元止，年息 5 厘，一次存入 100 元以上者可领用支票；定期储蓄分为零存整付、

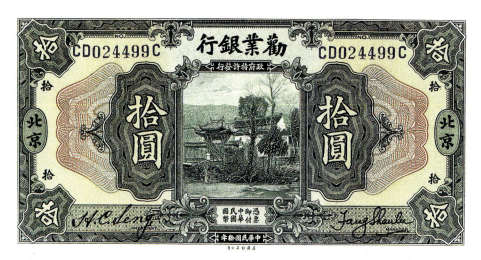

劝业银行发行的纸币

整存零付、整存整付。月息为 3 个月 6 厘，6 个月 7 厘，9 个月 8 厘，1 年以上 9 厘，2 年以上 1 分，3 年以上 1 分 1 厘，5 年以上 1 分 2 厘，以高于同业 1 ~ 2 厘利息和赠送纪念品等办法招揽业务，并吸收养老储金、教育储金，很快成为济南吸收储蓄存款最多的银行之一。

1927 年，因政局不稳，济南分行停业，此后未再恢复。

劝业银行济南分行原位于纬三路。

劝业银行于 1920 年 3 月由虞洽卿、靳鸣皋、李云书、李思浩等人发起筹建，10 月 20 日正式开业，额定资本 500 万银元，实收 239.1 万元。总行设在北京，张寿镛任行长。同年 12 月上海分行开业，经理石运乾。劝业银行拥有纸币发行权，该行成立后的第二年，即开始发行银元券，面额有 1 元、5 元、10 元、50 元、100 元。该行还在北京、天津、宁波、上海、南京、济南等地设立分行。

1923 年 5 月 18 日，劝业银行在济南纬三路开设济南分行，资本 20 万元，李剑池为经理，主要办理汇兑存放业务，兼营储蓄，代理国库。因为劝业银行的大股东主要是北洋军阀，故北伐战争开始后，逐渐收缩业务。劝业银行济南分行于 1927 年停业，总行亦于 1931 年停业。

大中银行发行的纸币

大中银行济南分行原位于经二路。

大中银行原名"大中商业银行"，1919年在重庆开业，"原设重庆，纯粹川股"，是一家典型的四川地方银行。1920年3月4日该行筹足100万元资本，开办了储蓄业务，并正式改名为大中银行。大中银行与北洋政府关系密切，代财政部推销公债，两年期间赚得利润三四十万元。1928年，由于北伐的成功和北洋政府的倒台，该行所贷的巨款无法收回，濒于破产，"总分行十一处同时停业"。直到1929年以后，大中银行才开始复苏。1931年，河南新乡同和裕银号以36万元的入股接办大中银行。同裕和银号东主王宴卿买通国民党财政部有关人员，取得印制纸币500万元的凭证，发行大中银行纸币。为了扩大发行钞票，王宴卿拟在济南、开封两地开设两个大中分行。

1933年王宴卿派王鸿波到济南筹设分行，同年9月1日，大中银行济南分行在经二路开业。当年10月，大中银行济南分行未经呈准，即印刷山东字样5元、10元银票140万元，不到一个月发出18.25万元，经济南市政府发觉后，呈报山东省财政厅转电财政部，勒令收回。此时，"河南帮"在上海的钱庄正遭遇挤兑风潮，同和裕银号也因周转不灵而被挤兑停业，济南、开封两个大中分行也同时关闭撤销。

浙江兴业银行是"南三行"之一，济南分理处原位于经二纬三路。

浙江兴业银行成立于 1907 年 9 月，是中国最早的商业银行之一。清光绪三十一年（1905），汤寿潜发动旅沪浙江同乡抵制英美侵夺苏杭甬铁路修筑权，倡议集股自办全浙铁路，并于当年 7 月在上海成立"浙江全省铁路公司"。为解决筑路资金保管和运输的困难，浙江全省铁路公司筹划成立附属银行，这就是浙江兴业银行。额定资本 100 万元，分为 1 万股，每股 100 元，总行设在杭州，次年在上海、汉口设立分行。1915 年，浙江兴业银行进行大改组，把全行的行政和业务中心移到上海。浙江兴业银行贯彻"信用为上"的方针，存款总额在 1918 年到 1927 年间五度位居全国各大银行之榜首。

1934 年 9 月 8 日，浙江兴业银行在济南经二纬三路开设济南分理处，经营一般银行业务及外汇、仓库业务。后因在济南业务量不大，分理处于 1936 年 1 月 8 日被撤销。

金城银行是"北四行"之一，济南办事处（筹）原位于经二路。

金城银行于 1917 年 5 月 15 日开业，是中国重要的私人银行之一，由中国近代金融界知名人士周作民创办，其大股东多为军阀官僚。总行最早设于天津，1936 年迁往上海。由于经营得法，金城银行业务发展迅速。抗战前，该行规模和存款总额，在私营银行中长期居于第二位，资本最高时达 700 万元。

20 世纪 30 年代，金城银行对工商放款有特别要求：其一，放款集中于

浙江兴业银行储蓄礼券

金城银行储蓄礼券

少数重点户，主要投放于与投资有关的企业和自营企业，例如1937年6月，金城银行对有投资关系的35户企业的放款能占到放款总额的57.79%；其二，在工业放款中，金城银行的放款重点是"三白一黑"，即主要投放四个行业：棉纺织、化学、面粉和煤矿工业，以1937年为例，棉纺织行业的投资比例能占到总放款额的53.08%。1937年3月，金城银行为更方便地投资济南仁丰纱厂，开始筹设济南办事处。当时，金城银行已在济南最繁华的街道经二路上觅妥行址，并拟于8月1日开业，但因"七七事变"的爆发，一直未正式营业。

随着这些大型商业银行陆续在济南开展业务，商埠的金融业务得到了较快发展，银行业规模进一步扩大。

# 济南商埠的华资保险公司

经营火险为主业，为各工商企业发展提供一份保障

保险业源于国外，清道光十五年（1835）英商开设的"于仁保险公司"在中国设立代办处，这是最早进入中国经营的保险公司。同治三年（1864），英商和记洋行在烟台经营进出口业务的同时，代理海上运输保险，这是最早进入山东的保险公司。光绪二十三年（1897）德占胶澳后，德商德华银行、禅臣洋行、礼和洋行、北德国轮船公司，均代理青岛与德国之间的船货保险。光绪三十年（1904）济南开埠后，外资保险业沿着胶济铁路逐渐向内地延伸。民国元年（1912），英商老公茂保险公司在济南设立代理处，并率先对工厂商号开办火灾保险，这是最早进入济南的保险公司。

济南商埠存在过的外资保险企业以英国的居多，在济南商埠设立代理机构的英资保险公司有老公茂康记保险公司、扬子保险公司、合众人寿保险公司、中华商人（保裕）保险公司、保泰保险公司、巴勒保险公司等等。除了上述这些英资公司，法国的中央保险公司、保太保险公司、安全保险公司，日本的三井火灾海上保险株式会社、住友海上火灾保险株式会社、东京火灾海上保险株式会社，以及美国的北美洲保险公司、友邦人寿保险公司、美亚保险公司，荷兰的荷兰保险公司、望赉保险公司，甚至是苏联的保险企业，也都在济南商埠开设有分支机构或代理处。

20世纪30年代以前，外商保险公司以其雄厚的资本，凭借不平等条约，不向中国政府登记，不受中国法律约束，自订保险章程和保险费率，把持着济南的保险市场。外资保险公司在济南的业务大多是通过保险代理机构

友邦人寿保险公司的宣传手册

代理，很少成立分支机构。这些代理处多是在济南设有分支机构的外国洋行或华资企业，如商埠的礼和洋行、德孚洋行、太古洋行、和记洋行、德隆洋行、华英洋行、保利洋行、利兴洋行等，也有个别保险公司委托济南商界人士代理业务。外资保险公司以经营水险及运输保险为主要业务，通过垄断进出口贸易和交通运输，来操纵保险业务。

中国自办保险公司，以仁济和保险股份有限公司为最早。1912年，华安合群保寿公司在济南设立分公司，这是最早进入济南的华资保险公司。但直到1930年以后，华商保险业才开始有较大发展，中国、先施、永安、宁绍、联保、太平、安平、丰盛、天一、宝丰、四明、太平洋、中国农业、中央信托局、泰山、南丰、中孚、肇泰、平安等华商保险公司，在济南等地开设有分支公司或建立代理处。

与外资保险公司不同，华资保险公司以经营火险业务为主，据1937年《中国保险年鉴》记载，济南保险费年收入约40万元，其中火险收入约占 70%。华资保险公司大多以银行为依托，其业务大多委托银行代理。银行经营投资、押汇、贷款业务，其抵押物资必须办理保险，因此许多银行都自办保险公司，成为银行的副业，相关保险公司依靠股东银行控制抵押物资的保险业务。

民国时期，下列华资保险公司在济南商埠设有分支机构，对商埠的工商企业开展保险业务。

华安合群保寿公司，1912 年 6 月创立于上海，同时在山东设立济南分公司，经理郑仿桥，地址在小纬六路。

金星人寿保险公司，1914 年 3 月创立于上海，同时设立济南分公司。

上海联保水火保险公司，1915 年 1 月创立于香港，曾在济南设有支公司，由梁汉卿任经理，地址在经三纬三路。

先施保险置业公司，1915 年 7 月创立于香港，在济南的业务由先施化妆品公司代理，专保水火险，地址在院西大街。

永宁水火保险公司，1915 年 8 月中国实业银行拨资在天津创立，在济南的业务由中国实业银行兼理，地址在纬六路。

先施人寿保险公司，1922 年 11 月创设于香港，在济南的业务由先施化妆品公司代理。

华安合群保寿公司广告

永安人寿保险公司保户牌

永安人寿保险公司，1924 年 8 月由永安公司、永安纺织公司、永安水火保险公司发起创立，在济南设有代理处。

宁绍水火保险公司，1925 年 11 月创立于上海，在济南的业务由经理人许慕贤代理，地址在公和街亲仁里。

安平保险公司，1926 年 12 月由东莱银行拨资组办于上海，1932 年 9 月设济南分公司，经理初为宋铁珊，继为李楠公，地址在经三纬六路，1936 年迁至经四路。

肇泰保险公司，1928 年 3 月由肇泰轮船公司创办于营口，1942 年在济南设立代理处。

太平保险公司，1929 年 11 月由金城银行独资创办，1934 年改由金城、大陆、中南、交通、国华 5 家银行共同投资。1932 年 9 月设济南分公司，马一青任经理，地址在经四路。

宝丰保险公司，1931 年 9 月由上海银行陈光甫与英商太古洋行合资创办，总公司设在上海，1932 年在济南设立分公司，由上海银行兼理。

中国保险公司，1931 年 11 月由中国银行总经理宋汉章发起创立，总公司设在上海，济南经理处由中国银行兼理。

泰山保险公司，1932 年 8 月由浙江兴业银行与美商美亚保险公司合

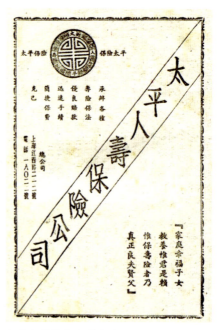

太平人寿保险公司广告

丰盛保险公司保单

办，总公司设在上海，在济南的业务由浙江兴业银行济南分行代理。

四明保险公司，1933 年 4 月由四明银行投资创立，总公司设在上海，在济南的业务最初由经理人穆逊斋代理，1935 年改设分公司，李香圃任经理，地址在经二路。

中国天一保险公司，1934 年 2 月由中国垦业银行投资创立，总公司设在上海，在济南设有代理处，代理人先为金盛尧，后为太平公司。抗日战争胜利后，又在济南设立了济南支公司，骆麟阁任经理，地址在经二路。

丰盛保险公司，1934 年创设于上海，在济南设有分公司，地址在经四路公园后。济南的交通、大陆、东莱三家银行，也代理太平、安平、丰盛的保险业务。

中央信托局保险部，1935 年 10 月由中央银行投资设立，主要办理政府机关、公用事业的财产保险，公务员、军人的人身保险，兼营各公司的分保和再保险，其在济南的业务由中央银行代理。

中孚保险公司，1944 年 7 月设济南分公司，孙赞臣任经理，地址在纬五路。

安平产物保险公司保单

南丰保险公司，在济南设有代理处。

大公保险公司，日伪时期在济南设有分公司，曹秀岭任经理。

全安保险公司，1941 年 5 月创设于上海，1943 年 9 月在济南设分公司，任晓峰任经理，地址在林祥南街。

大南保险公司，1942 年 4 月创设于上海，1944 年 12 月设济南分公司，杨春吉任经理，地址初在经三纬六路，后迁至经四路。

华泰保险公司，1942 年 4 月创设于上海，同年 4 月在济南设立代理处，其业务由经理人梁汉卿代理，地址在经三纬三路。

中国平安保险公司，1942 年 6 月创设于天津，1943 年 7 月在济南设立分公司，董耕甫任经理，地址在经四路。

中国产物保险公司，1946 年 6 月在济南设立济南支公司，孙品三任经理，地址在经二路，其业务同时由交通银行兼理。

中国保商产物保险公司，1946 年 10 月在济南开设分公司，孙赞臣任经理，地址在经五路。

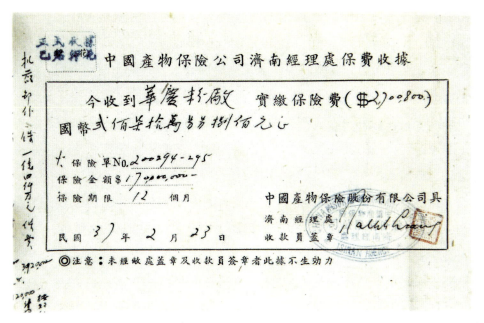

中国产物保险公司济南经理处保费收据

　　济南自有保险业务以来，不论外资公司还是华资公司，都存在许多潜规和陋习。外商保险公司，经营保险业务时多恃特权，对于出险损失在免责限度内的不予赔偿，限度以外也尽量拖延处理。灾情勘估时，公证行多与保险公司在资本或相关业务上有千丝万缕的联系，一旦出现灾损，被保险人很难获得应得的补偿。同时，保险公司还普遍存在向受损单位索取回扣的陋习。华商保险公司是以外商保险公司为范本发展起来的，亦相效尤。如 1924 年 12 月济南惠丰面粉厂失火，太平保险公司赔银元 18 万元，济南分公司负责人就从中取得了 8000 元的回扣。华资保险公司多依靠经纪人兜揽业务，并配合银行抵押放款，暗放折扣给保户。激烈的竞争引发保价低落，以 1936 年安平、太平、丰盛三家济南分公司火险价目为例：商埠店铺每保险财产 1000 元，收取保险费一等 10 元、二等 8 元，杂货栈内 6 元、栈外 6.25 元；城内店铺每保险财产 1000 元，收取保险费一等 15 元、二等 13 元，杂货栈内 9 元、栈外 10 元。实际收取保费时按五折收费，再除去经纪人佣金 10%，保险公司净收 45%，即如应收保费 100 元，实收客户 50 元，除去佣金 5 元，公司净收只有 45 元。

除去竞争压力，济南的保险业还受时局和来自政府方面的干扰。1933 年前后，济南多次发生重大火灾，而受灾工厂、商号多数都保了火险。1933 年，济南日商清喜洋行失火，承保的华商中国、宝丰和外商巴勒、三井四家保险公司，共赔银元 13 万元；同年，济南中棉公司失火，宝丰保险公司赔银元 5.3 万元；1933—1934 年，济南棉商联合会仓库多次失火，各中外保险公司共同赔款 80 万元。当时的山东省政府主席韩复榘认为，这一定是失火者故意纵火，以骗取赔款。为此，山东省政府发布了《失火惩戒办法》，规定如保有火险的商号失火，罚失火人保险额的 40% 作为公益金；延烧邻家者，由失火人赔偿；未参加保险的失火者，罚失火人苦役一个月。办法刚公布，济南六合提灯厂不慎失火，投保财产 2 万元，损失 400 元，但会计、营业主任均被押于军法处，缴足 8000 元罚款后始获释放。永聚祥货栈失火后店东被押，保险财产 16000 元，罚款 6400 元，保险公司赔款不过 500 元。由于这种不近情理的罚款远远大于保险补偿，投保火险的厂商纷纷退保，济南保险业一时陷于停顿。后经各保险总公司呈请国民政府，转饬山东省政府撤销前令，才不了了之。

日伪统治期间，日商在济南增设保险机构，垄断了运输保险和大部分火险业务，英、美等国的保险势力被排挤出济南，华商保险业务则惨淡经营。抗日战争胜利后，外资保险公司复业，华商保险公司纷纷恢复在济南的分支机构。华资保险超越了外资保险，济南成立了保险同业公会，制订了统一的火险费率和佣金折扣。随后不久，随着国内战争的扩大和通货膨胀的加剧，济南的保险业逐渐萧条。济南解放前夕，保费来源日渐枯竭，大部分保险公司被迫停业。

济南解放后，中国产物保险公司济南分公司率先于 1949 年 9 月 15 日复业。1949 年 10 月 20 日，中国人民保险公司总公司在北京正式成立。同年 11 月 25 日，在济南设立中国人民保险公司山东分公司，暂在省人民银行院内办公。1950 年 10 月 18 日，山东分公司迁至纬四路 95 号办公，并设营业部办理济南地区保险业务。1951 年 11 月 25 日，山东分公司迁至纬二路 58 号办公，有省辖市支公司 3 处，专区支公司 11 处，县支公司 22 处，济南的保险业务全部由中国人民保险公司山东分公司承保。1952 年，外资保险公司全部退出中国保险市场。

济南商埠地图（1933年）

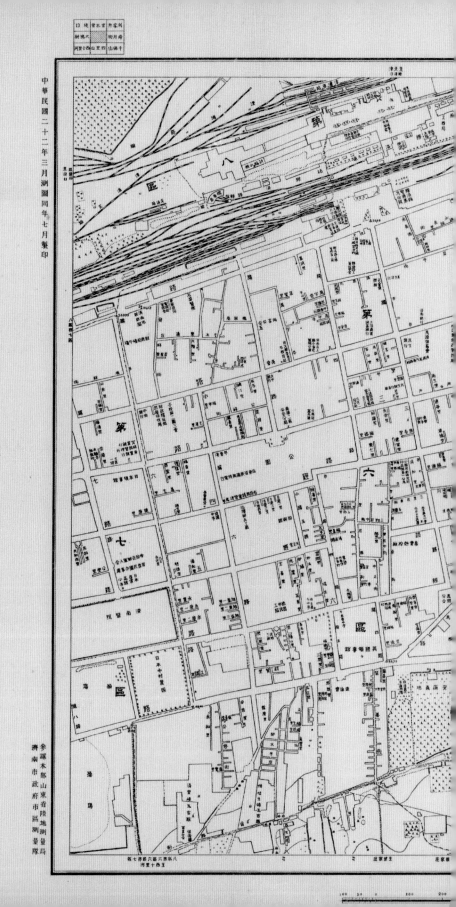

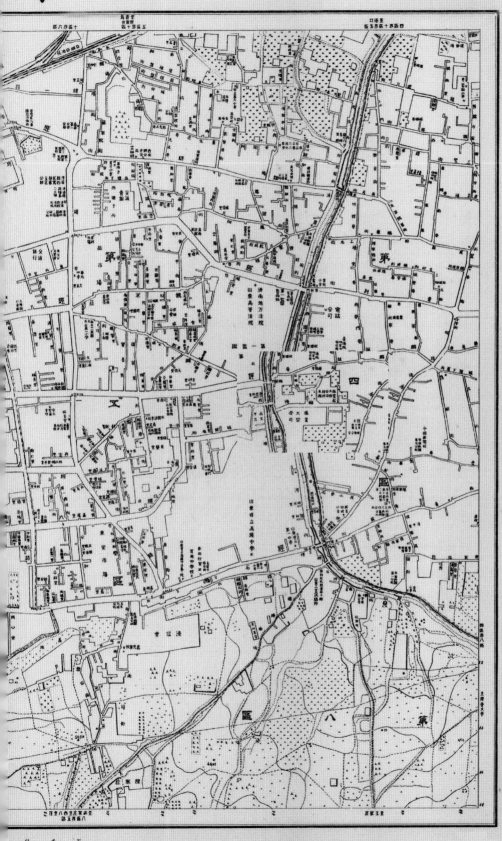

標高　根據膠濟鐵路之水準以米達計算

圖式　參照民國二年所定之地形原圖圖式規定

# 后记

　　为了紧密围绕中共济南市市中区区委和区政府制定的"建设新时代社会主义现代化活力品质强区"的总体目标，扎实推进"济南中央商埠区"建设，深入挖掘在济南开埠过程中涌现的部分民族工商企业家和企业创业立业故事，传承和弘扬商埠精神，展示济南深厚的历史文化底蕴，我们组织编撰了《商埠情怀——济南商埠民族工商业往事》一书。

　　本书编撰工作在编审委员会领导下稳步推进，区委有关领导同志高度重视、悉心指导，亲自参与本书的书稿修订工作。在编审委员会全体同仁的共同努力下，本书在文字水平、图片选用、版式设计等方面达到了出版标准，即将付梓。本书的出版发行是我区党史（史志）研究工作充分发挥存史资政育人职能，以高质量的党史（史志）工作迎接党的二十大胜利召开的又一丰硕成果！

　　本书在编撰出版过程中得到了济南著名历史文化学者雍坚、耿全的大力支持，也得到了中国文史出版社和山东宣艺文化传播有限公司的鼎力相助，在此，一并表示衷心感谢！

　　本书在编撰过程中虽然力求详尽、客观、准确，但由于时间仓促和水平所限，书中史实记述的详略、材料的取舍运用等方面难免存在疏漏和不足之处，敬请读者批评指正。

编　者

2022 年 8 月